KB271672

우린
잘 있어요,
마석

우린
잘 있어요,
마석

우린 잘 있어요, 마석

마석가구공단 이주노동자 마을의 세밀한 관찰기

1판 1쇄 펴냄 2013년 10월 21일
1판 3쇄 펴냄 2022년 6월 6일

글 고영란· 이영
사진 성유숙
기획 샬롬의집(남양주시외국인복지센터)

펴낸이 김경태
편집 홍경화 성준근 남슬기 한홍비
디자인 김상보 / 박정영 김재현
마케팅 전민영 서승아
경영관리 곽근호

사진 제공 샬롬의집 p32, 33, 66, 124(위), 158, 159, 217, 218, 219, 268(위), 272.

독자 북펀드에 참여해주신 분들 (가나다순)
강영미 강주한 김기태 김철효 김환 김희곤 나준영 민준기 박무자 박선유 박일배 박진순
신은희 신정훈 윤윤자 이윤구 이주헌 이한별 임창민 장경훈 정대영 정진우 조익상 최경호
최영태 최지영 한성구 현동우 황경미

펴낸곳 (주)출판사 클
출판등록 2012년 1월 5일 제311-2012-02호
주소 03385 서울시 은평구 연서로26길 25-6
전화 070-4176-4680 **팩스** 02-354-4680 **이메일** bookkl@bookkl.com

ISBN 978-89-968849-8-9 03330

이 도서의 국립중앙도서관 출판시도서목록(CIP)은 서지정보유통지원시스템 홈페이지(http://seoji.nl.go.kr)와 국가자
료공동목록시스템(http://www.nl.go.kr/kolisnet)에서 이용하실 수 있습니다.(CIP제어번호: CIP2013020383)

우린 잘 있어요, 마석

고영란·이영 글 | 성유숙 사진 | 샬롬의집 기획

마석 이주노동자 마을에
오신 것을 환영합니다

어떤 경우이든 이 책을 읽게 된 여러분을 진심으로 환영하고 존경합니다. 이 책은 이 사회에 존재하는 한 마을을 소개하는 내용입니다. 이 마을은 예전엔 한센환우들의 삶의 터전이기도 했던 곳이자 요즘은 가구 매장이 몰려 있는 곳으로 알려져 있습니다. 몇십 년 전에는 싼값에 계란, 닭, 돼지를 구할 수 있는 '성생농장'이었다가, 지금은 가구를 싸게 살 수 있는 '가구공단'이 되어 소비자들의 발길이 분주한 곳입니다. 그러나 사람들은 이 마을의 유래나 조성과정에 대해서는 관심도 없었고 굳이 알려고도 하지 않았습니다.

처음엔 한센인들이 온갖 차별과 서러움을 겪으며 삶의 기반을 닦았고, 그로부터 20여 년이 지나 산업화 과정을 통해 농장이 공단이 되면서, 더 가혹하고 힘겨운 삶의 여정을 겪어낸 이주노동자들이 변화된 공단의 주역으로 등장하게 됩니다. 오래전 한센인들의 정착마을로 시작된 이곳이 지금은 마석가구공단이란 이름으로, 16개국에서 이주한 노동자들 800명, 그리고 한센가족들, 공장경영자들과 노동자들의 삶의 터전이 되었습니다. 다시 말해, 한센인 건물주, 영세 공장주 그리고 이주노동자가 각자 한 축이 되어 서로의 필요에 부응하며 함께 살아가고 있습니다. 이렇게 지금의 모습처럼 되리라곤 어느 누구도 예측하지 못했습니다.

온갖 차별과 편견을 물리치고 우뚝 녹촌리의 거물이 된 한센인들, 그리고 가난 때문에 이주해서 무엇이든 견디며 살아야 했지만 자신들을 입증해낸 이주노동자들. 결국 50년이 넘는 생존의 싸움에서 이들 모두 승리자가 되었다고 믿습니다. 오랜 투쟁 끝에 "우리도 다 같은 사람이다!" 선언할 수 있었다는 게 바로 승리의 증거이겠지요. 그들은 우리와 같은, 한 치도 다름이 없는 사람들입니다. 한센인이 전염병을 옮기는 자가 아니듯, 이주노동자도 테러범이나 범죄자가 아닙니다.

그래서 이 책 『우린 잘 있어요, 마석』은 이러한 사연들을 모아 이 마을 사람들이 누구인지, 어떻게 이곳에 흘러들어 삶을 이어왔는지를 가감 없이 기록한 것입니다. 이 책은 저와 여러분 모두가 생각이 바뀌기를 바라는 마음으로 제작되었습니다. 한센인, 이주노동자 모두 이 사회 속에서 이어온 눈물겨운 삶이, 아무도 하려 하지 않았지만 이들이 해낸 더럽고 어렵고 위험한 일들이 우리 사회를 구성하는 건강한 역할이었다는 것을 알게 되면 좋겠습니다. 오히려 더 진한 이야기를 꺼내지 못했다는 아쉬움도 남습니다. 그러나 이 책이 아무도 몰랐던, 알려고도 하지 않았던 우리 이웃의 진솔한 이야기를 처음 담아내는 시도라 생각하고 여러분 앞에 내놓습니다. 사랑과 정겨움으로 이 책에 나오는 사람들을 만나주시기를 바랍니다.

오늘도 한 공장에서 매캐한 연기가 피어오릅니다. 환경은 열악하지만, 그래도 사람들 사는 곳이기에 더 많은 따스함이, 진한 고향의 냄새가 곳곳에서 넘쳐납니다. 남양주시 화도읍 녹촌리 마석가구공단. 이곳을 한번 찾아주시길 바랍니다. 손을 뻗어 하늘에 닿을 수 있다는 기개 높은 천마산을 같이 오를 수 있는 동지로 모시겠습니다. 이곳은 지금 단풍이 들고 있으며 조만간 눈이 내릴 것입니다. 그리고 다시 봄이 찾아올 터인데, 세월의 흐름 속에 우리 모두 '샬롬!'이길 기원합니다.

이 책을 보신 여러분은 이제 마석 사람들입니다. 여러분, 사랑하고 존경합니다.

2013년 가을 남양주시 화도읍 녹촌리에서
성공회 이정호 신부

아무도 묻지 않았던
그들의 안부

고영란 (작가)

마석가구공단에 올 때마다 이곳 사람들에 대한 약간의 연민과 낯선 세계에 대한 호기심으로 잠깐씩 이곳을 기웃거리는 이방인 같은 나 자신을 발견하곤 했다. 취재나 인터뷰에 대해 민감한 이곳 공장주들의 시선도 부담스러웠다. 이주노동자들 역시 낯선 외부인에 대한 경계심, 거리감, 이질감 등을 간간이 드러내 보였다. 이들의 일상을 충분히 공감하지 못한 채 인터뷰를 시작한 게 원인이었다.

그렇게 1년이 넘는 시간을 보내며 처음의 그 경계심과 거리감, 이질감은 상대적인 것임을 이해할 수 있었다. 한국인이 이들을 어떻게 대했는가. 우리 마음속에서 이들을 어떻게 받아들이고 있는가. 진정한 친구와 이웃으로, 나와 같은 인간으로 이들을 대접하고 있는가. 이주노동자들을 만나면서 이 질문은 계속 물음표로 남았다. 한국 사람이 안 하는 일을 대신 해내는 사람들, 얼핏 보면 버려진 건물을 재활용한 듯한 공간에서 일하고 돈을 벌며 삶을 견뎌가는 이들을 보면서 상대적으로 자본과 물질이 풍부해 보이는 오늘날의 한국인은 과연 제대로 잘 살고 있나, 성숙한 인격과 맑은 영혼으로 자신을 성숙시켜가고 있나 하는 생각을 해보았다.

마석의 이주노동자들을 만나면서 오랫동안 잊고 지낸 부모님의 지난 삶과 마주쳤다. 나의 부모님도 한창 일하던 젊은 시기에 이주노동을 했다. 아버지는 사우디아라비아, 이란, 이라크, 리비아 등에서 20여 년간 H건설의 말단 관리직으로 일했고, 어머니는 IMF 전후로 생긴 빚을 해결하기 위해 50이 넘은 나이에 일본으로 갑자기 떠났다.

30대 후반에 사우디로 떠난 아버지는 건설현장의 한편에서 창고나 자재, 건물을 보호, 관리하는 일을 했다. 1970년대 후반, 사막 한가운데 서로 멀찍이 떨어진 건물들 사이에서 여가시간을 보낼 만한 시설은 없었다. 업무시간이 끝나면 외롭고 지루한 밤을 허무함과 싸우며 견뎌냈을 것이다. 일본어를 전혀 모르는 어머니는 관광비자로 나가서 7년간 돌아오지 않았으니, 불법체류자로 언제 갑자기 잡혀갈지 모르는 불안한 삶을 가슴 졸이며 견뎠을 것이다. 시간차이가 있지만, 아버지도 어머니도 언제나 "여긴 편하니 걱정 말라"고 편지를 보내왔다. 일상의 세세한 불편함이나 서글픈 이야기는 가족에게 털어놓지 않았다. 무엇이 힘들고 어떤 때에 고독한지, 집이 그리울 땐 어떻게 하는지 등등을 말이다.

시대가 다르고 이주의 양상은 조금씩 달라도 이주노동의 본질은 크게 다르지 않을 것이다. 이주노동을 떠났던 가난한 시절의 우리 부모세대, 새로운 희망으로 '아메리칸 드림'을 가슴에 품고 한국을 떠난 우리의 가족, 친구, 이웃들도 마찬가지였을 것이다. 좀더 잘살기 위해서, 지금보다 나은 내일을 꿈꾸며 당장 현실적으로 부딪히는 모든 문제들(언어와 문화의 차이, 인종차별, 가족에 대한 그리움과 향수 등)을 견디고 그 환경에서 살아남기 위해 온갖 지혜를 발휘했을 것이다. 그 속에는 인간이 느끼는 희로애락의 일상도 매순간 절실하게 깃들어 있다.

『우린 잘 있어요, 마석』은 대표적인 이주노동자의 밀집지역이면서 공장과 주거지가 공존하는 특수한 공간, 즉 '마석가구공단' 사람들에 대한 세밀한 기록이다. 이주노동자들의 고달픈 삶을 폭로하고 고발하는 기존의 방식은 지양하되, 지금껏 제대로 조명되지 않은 이들의 일상에 초점을 맞추었다. 마석가구공단이라는 마을에서 사람들이 하루하루를 어떻게 보내며, 어떤 고민과 희망을 가지고 살아가는지 찬찬히 들여다보는 방식으로 이야기를 전개했다. 이 책에 등장하는 사람들은 주로 이주노동자들이지만, 이들에 한정하지 않고 마을에서 생활을 공유하는 한센인과 공장주, 한국인 노동자와 지역 상인의 이야기도 함께 담았다. 이 책을 읽다보면 공단 사람들이 여기서 살아남기 위해 서로 어떤 공생관계와 권력관계를 맺고 살아가는지 살펴볼 수 있을 것이다.

마석가구공단 사람들에 대한 인터뷰는 2012년 봄부터 가을까지 6개월간 집중적으로 진행됐다. 마침 한국연구재단의 지원을 받아 수행한 연세대학교 문화인류학과 김현미 교수의 연구('2010년 사회과학지정주제지원사업'에 선정된 「'재생산적 전환' 과정 속의 한국 여성이주자의 일상성 연구: 연구번호 NFR-2010-328-B00050」)가 이뤄지고 있었고, 주요 인물의 인터뷰에 글작가와 사진작가가 동행하도록 허락을 받아 함께한 것은 커다란 행운이었다. 이 연구의 인터뷰 내용은 본문에 등장하는 다양한 사례들의 기초가 되었다.

그리고 2013년 2월부터 출판을 위한 기획회의를 매주 하면서 이주노동자를 바라보는 관점을 서로 논의하고, 이를 바탕으로 원고를 써나가기 시작했다. 원고 내용에 필요한 인물 인터뷰도 새롭게 추가되었다. 공단 내의 공장주들, 상인들, 그동안 만나지 못한 새로운 인물들을 찾아 만나고 주제별로 원고를 작성하면 곧바로 이를 공유하면서 6개월의 시간이 또 지났다.

공동의 프로젝트가 된 이 회의에는 성공회 신부이자 샬롬의집 사무국장 이영과 연세대 교수 김현미, 이주여성 문제를 연구 중인 연세대 문화학과 박사과정의 류유선, 출판사 클의 편집장 김경태 그리고 작가인 내가 함께 참여했다. 사진작가 성유숙 역시 1년 넘게 마석의 사진 기록을 진행했다. 초기 인터뷰 과정에 연구자로 함께했던 연세대 문화학과 배재훈(석사졸업)도 빠뜨릴 수 없다.

본문 내용을 간략히 살펴보면, 1부('마석'이라는 공간)에서는 초기에 정착마을을 이룬 한센인들의 애환과 이주노동자들이 이곳에 등장하는 과정을 담았다. 1990년대 초반 이주노동자들의 정서와 문화, 그리고 다른 나라에서 온 사람들이 어울려 살아가면서 만들어간 공동의 질서 등에 관해 다루었다.

2부(마석가구공단, 그 마을 사람들)는 이를테면 이 책의 무대와 등장인물 소개다. 마석가구공단은 어떤 곳이며 이곳을 삶의 터전으로 살아가는 이주노동자와 한센인들, 공장주, 상인들은 어떤 사람들인지를 설명한다.

3부(일터의 풍경)는 공단 내 공장, 즉 일터에서 벌어지는 일들을 공개한다. 월급은 대략 어느 정도 받으며 이들의 노동조건은 어떤지, 공장주와의 관계는 어떤지, 구체적인 사례를 통해 드러낸다. 또한 영세 공장주들이 겪는 어려움에 대해서도 전해들을 수 있다.

4부(공단 일상다반사)는 일터를 벗어난 이주노동자들의 일상 이야기다. 풍부한 일화들 속에서 드러나는 이들만의 휴일, 주거공간, 소비생활, 종교생활, 건강관리 등을 있는 그대로 모으고, 이곳에서의 사랑과 결혼, 경조사, 가족 간의 이별 등 희로애락을 그려보았다. 이어지는 5부(관계들)에서는 이들이 서로 관계를 맺어가는 방식에 대해서 좀더 자세히 살펴보았다.

6부(또 다른 공간, 본국과 타국)에서는 이주노동자들의 본국으로 시선을 돌린다. 이들에게 본국은 어떤 의미인지, 어떻게 떠나왔으며 어떻게 돌아갈 예정인지, 이들의 몸과 마음의 여정을 뒤쫓는다. 한편 왜 이들이 귀환을 미루고 있으며 실제로 귀환한 사람들이 겪는 어려움은 무엇인지도 살폈다. 그러면서 한국에서 추방당한 이주노동자들이 자신의 정체성을 새롭게 자각하는 사례도 제시했다.

미등록 이주노동자들에게 '단속'과 '강제추방'은 공포스러운 사건을 넘어서 삶의 기반을 흔들어놓는 충격이다. 이는 7부(삶을 짓누르는 두 단어, 불법과 단속)에서 드러난다. 실제 일어난 대대적인 단속 사례를 살피면서 불법이라는 낙인을 찍어두는 한국의 법제도와 이주노동자들 앞에 놓인 현실적인 제약을 탐구한다.

한편 본문 중간중간에 장기체류를 하고 있는 사람들의 특별한 인생 역정을 통해 우리의 삶을 돌아보게 하는 이야기들을 별도로 구성해 읽는 재미를 더하려고 했다.

이 책의 서두는 성공회 사제이자 샬롬의집 관장으로 20년 이상 한센인, 이주노동자들과 동고동락한 이정호 신부가 이주노동자 마을을 소개하는 글로 장식해주었고, 말미에는 김현미 교수가 이 책의 의의로서 공존을 위한 사유의 확장을 제시해주었다.

미등록 이주노동자의 특성상, 자세히 다루면 누구인지 빤히 알 만한 사례는 무척 조심스러웠다. 이런 경우는 곧 본국으로 돌아갈 계획인 사람들을 위주로 했다. 얼굴이 선명하게 드러나는 사진을 사용할 수 없다는 점도 안타까운 부분이다. 활짝 웃는 이 사람들의 밝은 얼굴을 독자들과 나누고 싶은데, 혹시라도 이들의 신상에 영향을 미칠 수 있다면 우리의 욕심을 절제할 필요가 있었다. 등장하는 인물들의 이름은 샬롬의집 사무국 실무자들을 제외하고 모두 가명을 사용했다.

마석은 역사적으로 한국 사회에서 소외당한 자들이 삶의 토대를 이루어나간 상징성을 지닌 마을이다. 특히 선주민인 한센인들의 삶은 개인마다 드라마틱한 사연을 지니고 있어 이 책에서 개인사를 모두 다루긴 어려웠다. 이 책에서는 현재 마석가구공단에 살고 있는 사람들에게 집중했으므로, 미처 다루지 못한 이야기들은 이후에 좀더 공을 들여 선보일 기회가 있을 것으로 믿는다.

이 책의 제목은 이주노동을 하는 사람들이 흔히 가족에게 보내는 인사다. 이주를 떠난 우리의 부모와 이웃들이 그래왔듯이, 자신들이 겪는 일상의 힘든 얘기는 별로 하지 않는다. 그저 "걱정 말아요, 난 잘 있어요"라는 말을 할 뿐이다.

『우린 잘 있어요, 마석』은 마석 이주노동자들의 세상살이, 한국살이를 진솔하게 보여주려는 책이다. 이주노동자들의 일상 이야기를 통해 그들이 늘 낯선 이방인처럼 느껴지는 거리감을 줄이고 그들에 대한 근거 없는 오해와 편견을 없애는 데 그 목적이 있다. 아울러 존재하되 존재하지 않았던 한국 사회의 한 구성원인 이주노동자들의 삶을 기록으로 남겨야 한다는 사명감으로, 지난 20여 년 동안 아무도 묻지 않은 그들의 세세한 안부를 이제는 확인해야 한다는 연대감으로 이 책을 정성껏 준비했다. 열린 마음으로 읽어주길 바란다.

일러두기

1. 이 책에 등장하는 마석가구공단의 이주노동자와 그 자녀 그리고 한국인의 이름은 본명임을 밝히지 않은 경우 모두 가명이다. 샬롬의집 실무자의 이름은 본명이다.

2. 이 책에 실린 사진 중 얼굴이 식별 가능하게 드러나는 이주노동자와 그 자녀는 한국 국적이거나 이미 본국으로 돌아간 사람들이며, 사전에 본인에게 동의를 얻었다.

고향으로 가는
발릭바얀 박스

필리핀 출신 에드워드 씨 이야기

“여기는 필리핀 사람 많고, 가게도 있고 친구도 있고 다 있어요. 필리핀 사람들 여기 왜 오래 있냐고 물으면, 고향 같다고 말해요.”

에드워드 씨(49세, 남)는 1993년 5월에 마석에 왔다. 그에게 성생공단(마석가구공단)의 첫 느낌은 편안하고 시골스러웠다. 공단 주변에 녹색 나무들이 싱싱하게 들어찬 언덕이나 산이 있어서인지 도시 풍경과는 달랐다. 그의 솔직한 표현에 의하면 “필리핀에서 흔히 보던 시골” 같았다. 공단 사람들한테서 “몇 년 전만 해도 여기엔 닭과 돼지를 키우는 농장이 많았다”는 얘기도 들었다.

에드워드 씨는 무엇보다 필리핀 사람들이 많아서 좋았다. 서울에 있을 때는 따로 외출하기 어려워서 필리핀 음식을 먹고 싶어도 맘대로 먹지 못하고, 혼자 밖에 나가기도 무서웠다. 버스나 지하철을 타기도 어려

워 걸어서 시장만 왔다 갔다 했다. 그런데 마석에 오니 어딜 가나 필리
핀 사람들이 보였다. 필리핀 친구들과 어울려 가게에 갈 수도 있고, 퇴
근 후엔 밥을 같이 먹거나 이런저런 얘기도 나눌 수 있었다. 그렇게 고
향에 온 것처럼 시작한 이곳 생활이 어느덧 20년을 넘었다. 스물아홉
살에 마석가구공단으로 와서 이제 그는 50을 바라보는 나이가 되었다.

본래 그는 한국에 입국할 때 1년만 일하고 돌아갈 예정이었다. 그런
데 1년이 지나면서 '1년만 더 있다 가자'는 생각이 들었다. 마석에 올 때
는 '5년만 일하고 돌아갈 계획'이었지만, 고향에 돌아가도 일자리를 구
하기 어렵기 때문에 그 5년이 지나도 떠날 수가 없었다.

에드워드 씨가 한국에 온 것은 1991년 12월, 스물일곱 살 때였다.
친구 열 명과 함께 비행기 티켓만 사서 김포공항으로 입국했다. 관광객
으로 한국을 오가며 한국 상황을 잘 알게 된 친구가 있어서 브로커 비
용은 들지 않았다. 에드워드 씨는 한국도 처음이었고 외국도 처음이었
다. 그에게 한국의 첫인상은 "너무 춥고, 기분이 별로 안 좋은" 것으로
남았다. 필리핀은 12월이 건기여서 영상 26~29도 정도로 적당히 덥고
저녁엔 약간 선선한데, 한국의 12월은 그가 상상했던 것보다 훨씬 더
추웠다. 한국어를 전혀 모르는 데다 모든 게 낯설어서 더 춥게 느껴졌
는지도 모른다.

친구들과 호텔에서 하룻밤을 보내자, 다음날 한국인 사장이 호텔로
왔다. 사장은 필리핀 사람들을 한 사람씩 "포인팅(pointing)"했다. 얼굴과
몸을 훑어보면서 "너, 너, 너" 이렇게 찍어 데리고 갔다. 에드워드 씨도
'포인팅'되어 사장을 따라갔다.

그렇게 해서 에드워드 씨가 한국에서 맨 처음 일한 곳은 서울 면목동의 잠바공장이었다. 거기서 그는 하루 종일 서서 일했다. 잠바를 재단해 앞판과 뒤판을 따로따로 '미싱'하면 그걸 뒤집어서 본드로 붙이고 망치질을 하는 일이었다. 팔도 아프고 다리도 아팠다. 사흘 일하자 입술이 터져 피가 났다. 날씨가 너무 추웠다. 몸살 기운이 있었지만 앓아 누워 있을 짬이 없었다.

사장을 따라나선 날부터 사장의 부인이 밥과 김치를 줬는데, 처음 본 김치를 어떻게 먹어야 할지 몰랐다. 사장 부인에게 부탁해 계란과 간장을 얻어서 그걸로 간신히 밥을 먹었다. 사장 부인이 해주는 식사는 "어제도 오늘도 날마다 밥과 김치뿐"이었다. 필리핀에서 먹던 음식과 너무 달라 먹기가 곤란했지만 어쩔 도리가 없었다. 이 음식에 적응하는 데 1년이 걸렸다.

에드워드 씨가 만들던 잠바는 '윌슨'이라는 미국 브랜드였는데, 한 벌에 30만 원 정도 했다. 그의 월급이 잠바 한 벌 값, 30만 원이었다. 생각했던 것보다 월급이 적어서 실망했다. 그래도 당시 30만 원은 필리핀 돈으로 15만 페소 정도로, 예전 필리핀에선 열심히 일해도 한 달에 2만 페소를 벌기 어려울 때도 많았다.

그는 월급을 받으면 필리핀에 25만 원을 송금하고, 남는 5만 원으로 한 달 동안 생활했다. 가끔 시장에서 반찬을 사거나 필요한 옷을 사 입는 게 전부였다. 그런데 월급이 한 달씩 밀리기 시작했다. 당시엔 월급 때마다 사장이 달러로 바꿔서 필리핀으로 돈을 송금해주었는데, 마닐라에 있는 사촌에게 전화해 물어보면 돈을 못 받았다고 했다. 사장에게 "왜 돈을 안 보냈어요?" 하고 물으면 보냈다는데, 필리핀에서는 안 받았다는 것이다. 사장에게 따지면 "이씨" 하고 화내거나 욕을 해서 더 따질 수 없었다. 그는 못 받은 돈을 받으면 즉시 그만두기로 마음먹었다. 하지만 당장 돈이 한 푼도 없었고, 사장이 여권을 가져간 뒤 돌려주지 않아서 말없이 그만둘 수도 없었다. 그는 어느날 사장에게 '돈을 바꾸려면 여권이 필요하다'고 말한 뒤, 여권을 받아 챙겨서 사장이 집에 없을 때 도망치듯 면목동을 떠났다. 밀린 한 달치 월급은 포기하기로 했다.

친구가 있는 마석가구공단을 찾아온 에드워드 씨는 친구 소개로 일자리를 금방 구했다. 가구공장이었는데, 25명의 직원 중 필리핀 사람이 20명 정도였다. 목재를 자를 때 생기는 뿌연 톱밥 먼지들과 화학약품 냄새를 하루 종일 맡으며 일하다보면 머리도 묵직하고 눈도 뻑뻑해져서 퇴근하면 녹초가 되었다. 그는 이곳에서 6개월 일하고 침대 다리를 만드는 플라스틱 사출*공장으로 옮겼다. 야간과 주간을 일주일씩 교대하는 공장이었다. 주간조일 때는 힘이 덜 들지만, 야간조일 때는 아침에 퇴근해서 오전에 잠깐 자고 저녁에 일하러 가는 게 너무 힘들었다. 하지만 일보다 더 힘든 것은 사장과 공장장이 함부로 욕을 하는 거였다.

에드워드 씨는 어느날 "사장님, 욕 안 돼요" 하며, 잘못한 게 있으면 욕하지 말고 이야기하라고 사장에게 정식으로 부탁했다. 사장이 "알았다, 욕 안 한다"고 약속도 했다. 그런데 며칠 후 아침에 출근하는데 "야 이 새끼야, 지금 몇 시야?" 하고 사장이 눈을 부라리며 또 욕을 했다. "사장님, 우리 시간 딱딱 맞춰 와요. 왜 '이 새끼' 해요?" 하고 따지자, 사장은 "아니야 이 새끼야, 너 늦게 들어왔어" 하며 우겼다. 그러더니 멋쩍다는 듯이 "'새끼'는 'son(아들)'이랑 똑같아" 하고 얼버무렸다. 에드워드 씨는 "우리, '아들' 아니에요. '이 새끼야' 하면 진짜 안 좋아요"라고 했다. 얼마 후에 에드워드 씨는 그 공장을 그만두었다.

에드워드 씨는 지금 일하는 소파공장에서 다른 곳으로 옮기지 않고 15년 동안 일했다. 월급이 조금 적어도 꼬박꼬박 안정적으로 돈이 나오는 회사가 편했고, 사장과의 관계도 나쁘지 않았다. 그는 사장이 특별히 지시하지 않아도 일찍 출근해 공장 앞을 깨끗이 청소하고, 공장 내부의 어질러진 물건들을 정리하며 하루 일을 시작했다. 사장은 부지런하고 성실한 에드워드 씨를 오랫동안 지켜보며 신뢰하고 인정해주었다. 그래서 필리핀 커뮤니티와 관련해 에드워드 씨에게 바쁜 일이 생기면 공장에 피해를 주지 않는 선에서 잠깐씩 외출하거나 급한 경우엔 하루 일을 빠지고 바깥일을 볼 수 있게 허락해주었다. 그래도 일당을 계산해서 월급에서 빼면 되므로 사장도 큰 손해는 없었다.

부지런하고 성실한 에드워드 씨는 가구공단에서 20년 동안 일하며 숙련공이 되었다. 손이 빠르고 일을 익히는 눈치가 빨라서 혼자서 뚝딱뚝딱 움직이면 커다란 소파 하나쯤 금방 만든다. 소파 외에도 가구를 만드는 공정은 웬만큼 다 알고 있어 어딜 가든 어려움 없이 일할 수 있다. 에드워드 씨는 2012년 겨울에 이 공장을 그만둘 때까지 190만 원을 받았다. 자신과 비슷한 나이의 숙련공들이 다른 공장에서는 200만 원 이상 받는 것을 알았지만, 에드워드 씨는 자신의 편의를 봐주는 일터를 지켰다.

사장과의 관계는 별문제 없었는데, 공장장은 에드워드 씨가 하는 외부 일들을 못마땅하게 여겼다. 한국말을 잘 못하는 에드워드 씨와 말이 통하지 않으면 화를 내거나 윽박지르며 욕을 하기도 했다. 에드워드 씨

는 공장장에게 '필리핀 커뮤니티 활동'을 설명하며 잘 지내보려는 생각
도 했지만, 한국말을 어려워하는 에드워드 씨에겐 그게 쉽지 않았다. 결
국 그는 2012년 겨울에 15년 동안 일했던 소파공장을 그만두고 다른
공장에서 아르바이트 자리를 구했다. 남들이 생각하는 것처럼 '돈 때문'
이 아니었다. 그러나 2013년 5월에 사장의 설득으로 다시 예전의 일터
로 돌아갔다. 공장장도 에드워드 씨가 다른 데서 일하는 동안 그의 존
재감을 다시 인식했는지, 지금은 전처럼 에드워드 씨를 불편하게 하지
않는다.

에드워드 씨는 한국에서 일하며 번 돈으로 맨 먼저 어머니의 집을
지어주었다. 아버지는 그가 세상에 태어나기도 전에 돌아가셨고, 혼자
아이를 키우던 어머니는 에드워드 씨가 일곱 살 때 재혼하면서 그를 친
척집에 맡겼다. 어린 나이에 어머니와 헤어지는 게 싫어서 많이 울었던
기억이 있는 에드워드 씨는 나이가 들어서도 늘 어머니를 그리워하며
살았다. 그 집을 지을 때만 해도 땅값과 건축비가 싼 편이었는데, 그 후
에 자신이 살 집을 지으려고 땅을 구입하고 건축에 들어갔을 때는 값이
엄청나게 많이 올랐다. 시간이 흘러 에드워드 씨의 집은 이제 완공단계
에 있다.

그에게는 필리핀에 사는 열여섯 살의 아들이 있다. 마석가구공단에
서 만난 필리핀 여자와의 사이에서 1997년에 아들이 태어났는데, 두 사
람이 곧 헤어지면서 필리핀의 사촌누나에게 아들을 보내 키웠다. 에드
워드 씨는 당장의 아들 양육을 위해, 그리고 필리핀 귀국 후 안정적인
생활을 위해 돈을 더 벌어야 했다. 아들을 필리핀에 보내고 한국에 남

은 그는 지금까지 아들을 한 번도 만나지 못했다. 그는 페이스북과 인터넷 화상통화로 아들과 자주 소식을 나눈다. 사춘기를 막 넘어서는 아들이 나쁜 친구들과 어울리지 않게 하려고 그는 아들의 교육과 일상생활을 신경 쓰는 편이다.

법적으로 그는 아직 미혼상태인데, 최근에 정말 마음에 드는 여자친구를 만났다. 에드워드 씨는 필리핀에 돌아가면 결혼하기로 약속하고, 여자친구 부모에게도 화상통화로 결혼을 허락받았다. 귀국을 준비해 돌아가면 필리핀 가족들의 축복을 받으며 결혼할 계획이다.

에드워드 씨는 가구공단에서 17년간 필리핀 커뮤니티의 대표를 맡아왔다. 사람들이 모여서 함께 어울리는 그 모습이 좋기 때문이다. 대표 역할을 한다고 누가 월급을 주는 것도 아니고 개인 돈을 지출할 때도 많지만, 커뮤니티를 위한 일이라면 그는 기꺼이 나서서 추진해왔다.

그가 필리핀 커뮤니티의 대표가 된 것은 우연한 계기로 인해서였다. 초기의 마석가구공단 사람들은 다양한 국적의 이주노동자들이 공단 내에서 함께 지내다보니 주말에 술을 한잔씩 걸친 사람들끼리 싸우는 일이 잦았다. 특히 다수였던 필리핀 사람들과 점점 늘어나던 방글라데시 사람들 사이에 간간이 마찰이 있었다. 이런 일이 반복되면서 각 나라의 대표를 맡은 사람들이 모여서 회의를 했는데, 이때 에드워드 씨가 '필리핀 사람들을 많이 안다'는 이유로 필리핀 대표가 되었다. 그는 필리핀 사람들에게 흔하게 자리잡은 "나쁜 습관", 포커를 치거나 투계 도박을 하는 습관을 어떻게 건강한 문화로 바꿀지 고민했다.

"농구나 배구처럼 필리핀 사람들이 모두 참여할 수 있는 활동을 하면 서로 좋아요. 필리핀 사람들은 토요일 밤마다 술을 마셨는데, 다음날 농구, 배구를 하면 자제해요. 예전엔 필리핀 사람들도 문제가 많았지만, 지금은 많이 줄었어요."

에드워드 씨는 5월경에 시작하는 필리핀 커뮤니티의 농구 리그전, 배구 리그전을 해마다 추진하고 있다. 필리핀 커뮤니티 전체가 움직이는 큰 행사다.

그는 2012년 2월부터 샬롬의집에서 진행한 '외국인근로자 자원봉사단' 활동에 한 번도 빠지지 않았다. 장애인들을 목욕시켜주고 함께 어울려 놀다 오기도 하고, 노인복지시설에서는 무기력한 노인들에게 노래와 춤으로 즐거움을 주면서 시설 내의 대청소를 도왔다. 농촌봉사활동과 남양주시 취약계층 연탄 배달에도 참여했다.

필리핀의 취약계층을 돕는 일도 진행하고 있다. 12만 명의 주민 중

20퍼센트가 쓰레기 분리작업으로 생계를 유지하는 빠야타스(Payatas) 지역의 굶는 아이들을 위해 기금을 마련해 매달 50만 원을 전달하는데, 지금까지 214만 원을 송금했다. 이 돈으로 아이들 300명의 식사를 지원하고 있다.

2012년 12월, 샐리 씨(36세경, 여)의 공장에 화재가 나서 미처 불을 피하지 못한 샐리 씨가 크게 화상을 입고 병원에 입원했을 때도 에드워드 씨는 모금활동에 나섰다. 필리핀 사람들이 5천 원, 1만 원씩 모았고, 샐리 씨를 잘 아는 방글라데시 사람들도 도왔다. 2012년 가을에 안토니 씨(36세, 남)가 골반염으로 수술하게 되었을 때도 에드워드 씨는 모금을 통해 200만 원을 전달했다. 이때는 공단 내의 마트를 운영하는 한국인들도 3만 원, 5만 원씩 보탰다고 한다.

에드워드 씨는 이런 모금활동을 하면 액수가 크든 적든 모금에 참여한 사람들의 명단과 모금액을 꼼꼼히 적어 도움받는 사람에게 전달하고, 페이스북을 통해서 개인별 모금액과 총액을 적은 기록을 사진으로 올려 공유한다.

에드워드 씨는 공장 위에 지은 공동주택에 세 들어 살고 있다. 월세 13만 원을 내는 7의 집은 다섯 평이 될까 말까 한 원룸이다. 부엌 창밖에는 공터가 보이는데, 봄여름에는 방글라데시, 필리핀 사람들이 페인트통에 흙을 담고 씨앗을 심어 가꾸는 채소들이 싱싱하게 자란다. 에드워드 씨는 가구공단에서 흔히 버리는 페인트통을 여러 개 가져다 물이 잘 빠지도록 바닥에 구멍을 낸 뒤 흙을 담고 텃밭을 꾸몄다. 페인트통에서 자라는 채소는 암팔라야, 오크 등 필리핀에서 즐겨 먹던 것들이다.

예전에는 필리핀에서 우편으로 보내준 씨앗을 심었는데, 요즘에는 한국에서도 화원 등에서 쉽게 구할 수 있어 편리해졌다. 봄에 심어 여름에 수확하는 암팔라야, 오크 등은 비타민 보충도 되지만 항암효과와 강장효과가 있어 필리핀 사람들이 한국의 인삼에 비유하는 채소다.

그의 집을 방문한 때는 2012년 여름이었다. 잘 자란 암팔라야 열매가 그의 부엌 창가에서 초록의 싱싱함을 빛내고 있었다. 며칠 전에 딴 것이라고 했다. 도깨비방망이처럼 생긴 암팔라야는 한국 사람들에겐 '여주'로 알려져 있는데, 속의 씨를 빼내고 썰어서 볶아 먹거나 말려서 당뇨병에 좋은 효소나 약재로 쓰이기도 한다. 에드워드 씨의 집 거실 한쪽 벽에는 그가 즐겨 쓰는 모자들이 각기 다른 모양과 색과 추억을 담고서 20여 개쯤 걸려 있었다. 머리숱이 점점 적어져 모자로 이를 가리는 효과도 있지만, 항상 웃고 낙천적인 그의 표정이 야구모자와 함께 그를 활동적으로, 나이보다 젊어 보이게 해준다.

에드워드 씨 집에서 가장 마음을 끈 것은 거실 공간 한쪽을 떡하니 차지하고 있는 커다란 박스였다. 필리핀 사람들 사이에서 '발릭바얀 박스(balikbayan box)', 즉 '고향으로 가는 짐'을 의미하는 이 박스는 그 크기가 일반 가정집의 세탁기만 하다. 가로세로 80센티미터 정도, 높이는 얼핏 1미터 가까이 되어 보인다. 물건을 차곡차곡 담은 박스 하나를 보내는 비용은 12만 원이다. 에드워드

씨는 이 박스에 한창 커가는 아들에게 보낼 새 바지와 카메라, 전자제품, 필리핀에 돌아가서 쓰려고 사둔 스테인리스 그릇 등을 넣어두었다.

그가 새로 지은 집에는 그동안 보낸 박스 속의 짐들이 하나씩 쌓여가고 있다. 텔레비전, 오디오 컴포넌트, 냄비는 물론 바느질이 꼼꼼한 한국의 옷이나 이불 등 질 좋은 한국 물건들을 하나하나 사서 담아 보냈다. 고향으로 가는 그의 '발릭바얀 박스'는 어느덧 열세번째를 기록했는데, 앞으로 몇 박스를 더 보낼지는 그도 알 수가 없다.

* 뜨거운 열을 가해 안료를 끈적끈적한 형태로 만든 다음, 유압으로 안료를 틀(금형)에 쏘아넣어 제품을 만들어내는 공정.

1장

'마석'이라는 공간

지금의 마석가구공단이 들어선 녹촌리 일대는 1960년대 초만 해도 야산과 묘지였다.

초기 한센인들의 정착 마을 풍경은 지금과 크게 다르지 않다.

1990년대 초 마석의 성공회 미사에는 필리핀 사람들이 많이 참여했다.

빈 공장에서 열린 여름문화축제에는 각국 사람들이 참여해서 노래경연을 펼쳤다.

마석가구공단은 일터와 삶터가 뒤섞여 있어

그 안에서 모든 사회적 관계를 이루며 함께 생존해가는 작은 세계다.

밀려난 사람들, 잊힌 사람들의 공간

마석이라는 이름을 들어본 적이 있는가. 천마산 스키장에 가본 적이 있거나, 모란공원에 있는 민주열사들의 묘역을 아는 사람이라면 '언젠가 한 번쯤'의 기억이 있을 것이다. 아무래도 일반인들에게 알려진 것은 1990년대 전후로 조성된 '마석가구공단'일 것이다. 묘하게도 천마산과 모란공원, 마석가구공단에는 사회체제에서 밀려나거나 사람들의 기억 속에서 잊힌 사람들의 사연들이 얽혀 있다.

옛날이야기부터 해보자. 천마산은 조선시대까지만 해도 호랑이와 산적들이 많이 출몰하던 깊은 산으로, 이 산은 서울과 가까우면서도 산세가 험하고 봉우리가 높아(812미터) 도적들이 숨어 활동하기 좋았다고 한다. 조선시대에 백정 출신 임꺽정이 탐관오리들을 상대로 의적활동을 펼칠 때 양주 청석골을 기반으로 하면서 천마산과 마치고개를 주무대로 삼았다는 이야기도 전해진다. 그런 임꺽정의 산하에 1982년 스키장이 들어섰다.

모란공원은 1970년 전태일의 주검이 안치된 이후부터 민주화운동에 헌신하거나 희생된 사람들의 영령을 모신 곳이다. 사실 이곳은 1966년 우리나라에서 처음으로 사설 공원묘지로 개장했다. 전태일의 분신 사망 이후 박정희 정부는 전태일에 대한 사회적 관심을 잠재우기 위해 그의 묘소를 일부러 서울과 멀리 떨어진 마석 모란공원으로 정해주었다. 그렇게 하면 사람들의 기억 속에서 그가 곧 잊힐 것으로 여겼다. 하지만 그 후 사회변혁 운동은 격렬해졌고, 그 과정에서 헌신하거나 희생된 사람들의 주검이 늘어났지만 이들의 묘소를 딱히 마련하지 못해 마석 모란공원에 안치하기 시작했다. 그러면서 이곳은 우리 사회 민주화

운동, 노동운동, 인권운동의 성지로 대우받았다. 마석 모란공원에는 '세상의 아픔을 나의 아픔으로' 느끼면서 짧은 삶을 마감한 전태일 이후 박종철[1]을 비롯해 김귀정,[2] 홍성엽,[3] 계훈제,[4] 문익환,[5] 김병곤,[6] 문송면,[7] 김근태,[8] 이소선,[9] 우동민[10] 그리고 2009년 용산참사로 희생된 다섯 명의 희생자에 이르기까지 110명 이상의 민주열사와 노동현장, 인권운동 희생자들의 영령이 잠들어 있다.

마석가구공단의 역사는 한국전쟁 이후 한센인들로부터 시작되었다. 지금의 가구공단이 있는 자리는 1950년대까지 야산과 무덤들뿐이었다. 그러다 1962년 음성 한센인(또는 한센병 치유자)들의 자립공동체가 만들어지면서 사람들이 모여 사는 마을로 변모해갔다.

음성 한센인들은 양성 환자에 비해 제때 적절한 치료를 하면 병이 더 진전되지 않고 정상적인 생활을 할 수 있었다. 그런데 1960년대 초만 해도 이들의 치료 가능성을 인식하고 돕는 의료환경이나 지원시설이 부족한 상황이었고, 국립소록도병원[11] 등을 비롯해 이들을 수용하는 단체들이 있었지만 대부분 강제수용의 성격이 강했다.

당시 정부에선 1961년 '전염병 예방법'을 개정하면서 한센병을 '격리치유 질병'에서 '거택(居宅)치유 질병'으로 분류했다. 그해 10월에 '한센인 치유지 정착시업'이 본격화되고 1963년에는 이들의 강제격리를 폐지하고 재가(在家)치료로 전환하는 정책이 실시되었다. 그러나 실제로 한센병 치유자들의 정착마을에 대한 정부의 지원은 거의 없는 상태였다. 그래서 대부분 구걸로 생계를 유지하거나 외국 선교단체와 국내 종교단체의 지원 등으로 겨우 생활을 유지했다.[12]

당시 한센인들을 돕던 영국 성공회 신부들의 고민은 음성 한센인들이 일반인처럼 생활할 수 있는 자립공동체 마을을 만드는 것이었다. 여기엔 영국에서 선교사로 들어와 나중에 주교가 된 박바우로(Paul Burrough) 신부의 역할이 상당히 중요하게 작용했다. 그는 '다리 밑'에 모여 살던 한센인들을 찾아와 먹을 것과 입을 것을 나눠주며 초창기 한센인들의 공동체를 만들려고 헌신적인 노력을 했다.

박바우로 신부의 뜻을 이어 한센인 정착마을을 실행한 천갈로(Roger Charles Tennant) 신부는 1962년에 지금의 남양주시 화도읍 녹촌리에 한센인 자립마을을 만들기 위해 땅 4만 평을 구입했다. 당시에 이곳에는 15명의 음성 한센인들이 먼저 와 있었는데, 그 후 소문을 듣고 찾아온 사람들과 힘을 모아 마을을 개척했다. 초기 정착민들의 노력으로 3동의 가옥을 만들어 25명의 한센인이 함께 생활했다. 이로써 '성생원(聖生院)'이라는 한센인의 자립공동체 마을이 탄생했다. 성생원은 '성생마을' '성생농장' 등으로 불리며 자리잡았고, 1990년대 이후에는 '성생공단'으로 변화했다.

성생공단에 주로 가구업자들이 들어와 '마석가구공단'으로 불리면서 새롭게 등장한 사람들이 이주노동자다. 이들은 공단 내 공장에서 일하며 이곳에 거주하는, 대다수의 노동자이자 실제 주민인 셈이다.

마석가구공단에 가려면 천마산과 모란공원으로 가는 길, 서울춘천고속도로를 달려야 한다. 경춘선을 타면 대성리역 직전에 마석역이 있다. 이 역 주변을 '마석'이라 하는데, 행정구역상 마석은 경기도 남양주시 화도읍 마석우리에 해당한다. 마석우리는 오래전부터 맷돌이 많이 생산되었고, 마을의 길이 에둘러 생겼다고 해서 '맷돌머루' '맷돌모루'로 불리다가 1914년 행정구역이 통폐합될 때 한자어로 바뀐 '마석우(磨

石隅)리'가 되었다. 1939년에 마석역이 생기고 기차가 이곳을 지나가면서 마석우리는 화도읍의 중심지역이 되었다. 그래서 지금도 천마산의 묵현리, 모란공원의 월산리를 비롯해 녹촌리, 차산리 등을 포함한 이 일대를 모두 '마석'이라 부른다. 마석가구공단은 녹촌리에 자리잡고 있다.

초기 정착민 한센인들의 애환

녹촌리 성생마을의 초기 정착민들은 사람이 살기 어려운 환경에서 맨손으로 집을 짓고 생활기반을 마련했다. 마을이 막 형성되던 1960년대 초에 이곳에 온 박영호 씨(75세, 남)는 "처음에 여기 오니까 아무것도 없었"다고 한다. "집이 있나, 사람이 있나, 이 주변이 대부분 산이고 묘지였는데, 늑대가 다닐 정도"였단다.

열 살 때 집을 나와 전국을 떠돌다 박바우로 신부를 직접 만나 감화를 받은 적이 있는 박영호 씨는 한센인들이 정착할 마을이 생긴다는 소식을 듣고 걸어서 마석까지 찾아왔다. 처음에는 주변을 돌아다니며 동냥 생활을 하다가 우연히 묵현리에서 만난 할머니를 통해 "녹촌리에 가면 뱀 잡는 땅꾼이 세 명 있다"는 이야기를 들었다. 그 땅꾼들은 지나가는 사람들이 물으면 자신들을 '뱀 잡는 땅꾼'이라고 얘기했지만, 박영호 씨는 "그 사람들도 나처럼 이곳에 살기 위해 온 사람들"임을 눈치챌 수 있었다.

그는 묵현리에서 고개를 넘어 녹촌리의 땅꾼들을 만나러 갔다. 이들은 한센인 치유자로, "겉으로 봐서는 병태가 전혀 안 나는 사람들"이었다. 그래서 인근 마을 사람들도 이들을 크게 경계하지 않았고, 그저 땅꾼으로 알았다고 한다. 이들을 만나 성생마을에 당도한 박영호 씨처럼 다른 한센인들도 그렇게 하나둘씩 이 마을을 찾아왔다. "옛날에 여기 처음 왔을 때, 밥 얻어먹으러 마석에 나갔다가 사람들이 던진 돌에 맞아서 머리도 깨져서 오고" 그랬던 사람들이다.

김향이 씨(82세, 여)는 성생마을에 왔을 때 "처지가 같은 사람들을 만나 마음이 따뜻했다"고 기억한다. 김향이 씨처럼 가족과 사회에서 외면당하고 살아온 주민들은 "서로 똘똘 뭉쳤"다. 자신들의 정착마을이 생겼으니 세상을 떠돌아다닐 때처럼 남의 눈치를 볼 필요도 없었다.

이 마을로 오기 전, 열여덟 살에 결혼해 열아홉에 첫아이를 낳은 김향이 씨는 아이가 돌이 될 무렵에 한센병이 발병한 사실을 알았다. 죽고 싶은 심정이었지만, 우선 아이를 시어머니에게 맡기고 친정으로 갔다. 그런데 친정어머니는 매몰차게 딸을 내쫓았다. "다시는 집에 오지 말라"고 소리쳤다. 여름 무더위와 함께 비가 억수로 쏟아지던 날, 갈 곳도 없이 그렇게 가족들에게 쫓겨났다. 그날 이후 김향이 씨는 사람들의 눈을 피해 세상 이곳저곳을 10년 동안 떠돌아다녔다. 그러다보니 같이 다니는 일행도 생겼다. 처지가 비슷한 사람들이 서로 도와가면서 동냥을 하고, 쌀을 얻으면 같이 밥도 해먹었다. 여름엔 다리 밑에서 더위와 비를 피하고, 겨울엔 짚을 주워 모아 짚더미 속에서 추위를 피하며 살았다.

"차도 태워주지 않으니까 보따리 지고, 솥단지 이고, 그렇게 세상을 돌아다니"던 김향이 씨는 서른 살에 성생마을에 왔다. 가족과 집을 떠난 지 10년 만에 정착할 마을을 찾은 것이다. 세월이 지난 지금 돌이켜보면 "성생마을에 와서 먹고살 방법도 마련하고, 차츰차츰 단계를 밟아서 (마을이) 발전"해 좋았다.

최희숙 씨(78세, 여)도 평범한 결혼생활을 하던 중, 아이가 다섯 살 때 "몸에 뭐가 불긋불긋하고 이상해서 병원에 가보니까" 한센병이었다. 그래서 "아이를 떼놓고 친정에 갔는데, 거기도 동생이 있으니까 가족을 위해서" 자신이 떠나야 했다. 그때만 해도 음성 환자는 치료하면 낫는다는 걸 몰랐고, 아무도 그런 말을 해주지 않았다. 최희숙 씨 말에 의하면 "내가 어디로 가야 할지 막막한" 상황이었다. 그는 친척을 통해 "마석에 가면 한센인 정착마을이 있다"는 얘기를 듣고 "물어물어 여길 찾아"왔다. 고향에 두고 온 아이는 가슴속에 묻어두고 살았다. 아이한테 "미안하고 또 미안하지만, 아이를 위해서" 어쩔 수 없었다.

성생마을 주민들은 여럿이 힘을 합해 집을 지었다. 그러다 인근 주민들이 찾아와 소란을 피우면 함께 맞섰다. 김향이 씨는 지금도 생생하게 기억했다.

"우리가 처음 여기 와서 마을을 개척할 때 도끼 휘두르면서 나가라고 했던 동네 사람들, 요 너머에 있는 마을 사람들이었어요. 그땐 위험해서 서로 말도 못 했어요. 여기 부화골서 떡메 가지고 내려오고, 도끼 들고 내려오고, 우리가 여기서 살면 모두 때려죽인다고 했어요. 그러니까 동굴로 들어가고, 나무숲으로 도망쳐서 숨고, 그땐 그랬어요."

초창기에 전길로 신부는 마을을 안정화하기 위해 이웃 주민들을 설득하는 일에 나섰다. 음성 한센인은 제때 치료하기만 하면 병이 더 진행되지 않고 완치가 가능한 사람들이고, 치료한 후에는 일반인과 똑같이 생활할 수 있다는 사실을 알렸다.

당시 성생마을 주민들은 대한성공회에서 파견된 신부들의 도움으로 신앙생활을 하면서 다른 종교단체 등에서 나오는 구호물품 등을 지원받았다. 하지만 그것만으로 끼니를 해결하긴 어려워서 남자들이 다른 마을로 나가서 곡식이나 음식을 동냥해오면 주민들이 같이 나눠 먹으며 살았다. 주민들이 어느 정도 구성되자, 대한성공회에선 성생마을 주민들에게 한 가구당 700평씩 공평하게, 재산이 있든 없든 똑같이 땅을 나눠주었다. 어떤 사람은 그 땅을 되팔고 마을을 떠났지만, 대부분의 주민은 이 땅을 기반으로 농사를 짓거나 생활수단이 될 만한 일을 찾았다.

농장에서 공단으로 탈바꿈하다

성생마을 주민은 처음에 25명으로 시작해서 곧 50명, 70명, 100명으로 늘어났다. 주민들은 땅을 개간해 농사도 짓고, 마음에 맞는 사람끼리 결혼도 하고 아이도 낳았다. 결혼식은 따로 하지 않았고, 고향 마을에 연락해 호적등본을 떼어다 혼인신고를 마치면 결혼이 성사되었다. 당시 성생원에선 법적으로 혼인상태여야 정착할 수 있었다. 부부 정착민에게만 세금 감면과 병원 치료의 혜택이 있었기 때문이다. 결혼한 부부는 자연스럽게 아이를 낳아 길렀다. 한센병은 유전되지 않고 감염되는 것도 아니어서 초기에 잘 치료하면 결혼생활에 지장이 없었다.

　1970년 새마을운동이 시작되자 주민들은 산을 깎아 다락밭을 만들고 감자, 고추, 밀, 열무 등을 키우거나 벌을 치기도 했다. 집 근처에 소규모로 돼지와 닭을 키우는 사람도 있었다. 박영호 씨도 1970년대 초반에 우연히 얻은 새끼돼지 두 마리가 축산업을 시작하는 계기가 되었다. 그는 산에서 나무를 베어다 돼지막 한 칸을 만들고 거기에 암수 돼지새끼를 키웠다. 여름엔 풀도 뜯고, 옥수수, 콩 등을 삶아서 밥을 먹이며 넉 달을 키우니 돼지가 제법 컸다. 추석이 다가오자 동네 사람들이 "그 돼지를 팔라"고 했다. 두 마리 합쳐서 15만 원 정도 받았는데, 그때는 그게 제법 큰돈이었다.

박영호 씨는 돼지를 팔아 번 돈으로 조그맣게 양계장을 시작했다. 당시엔 병아리 한 마리당 200~300원이었는데, "육계를 두 달 정도 키우면 2~3킬로 정도로 자라서 그걸 갖다 팔면 돈이 엄청나게 많이 남았다"고 한다. 게다가 계란도 주요 수입원이 되었다. 농사짓고 수확을 해돈을 버는 것보다 빠른 시간에 돈을 만질 기회가 생겼다. 박영호 씨에 의하면 한센인들은 "너무 힘든 일은 못 하니" 양계 정도라면 괜찮았다. 그렇게 양돈·양계 사업이 마을에 퍼져나갔다. 그러다 소를 키우는 집도 생겨났다.

1970년대 중반 무렵, 성생원은 정부의 지원을 받아 인근 마을 중에서 최초로 전기가 들어왔다. 이즈음부터 주민들은 양돈·양계 사업에 집중하면서 농장 규모를 늘려나갔고, 성생마을은 '성생농장'으로 불렸다. 당시 성생마을처럼 한센인 치유자 정착마을을 이룬 서울의 헌인농원, 인천의 부평·청천·경인농원, 경북의 희망농원 등은 전업형 축산으로 일정한 규모를 갖추기 시작해 1970년경에는 상당히 규모가 큰 축산 단지로 변모해 있었다.[13] 성생마을도 이러한 성공 사례를 모델로 삼았다. 당시의 경제성장으로 한국인의 식생활이 변화하면서 육류 소비가 계속 증가한 배경도 한몫했다.

돈은 벌었지만 불편한 점도 많았다. 축사에서 흘러나오는 폐수로 마을 전체에 고약한 냄새가 났고, 축사와 양계장 주변은 언제나 파리떼가 극성이었다. 아이들이 다니는 녹촌분교(마석초등학교의 분교) 옆의 개천은 마을에서 흘러나온 폐수로 오염되면서 썩어갔다. 주민들은 오염된 공기에 노출된 녹촌분교에 아이들을 보내기를 꺼려하기도 했다. 그래서 30~40분 이상 걸어가야 하는 마석초등학교로 아이들을 등교시키는 사람도 있었다. 자라는 아이들에게 유해한 환경이므로 학교를 폐교하자는 녹촌분교 교사들의 문제제기도 계속되었다.

결국 1979년의 돼지 파동, 1983년의 비육우 파동 등을 겪으며 1980년대 후반부터 녹촌리의 양돈·양계 사업은 위기를 맞았다. 이곳에서 생산된 닭고기들을 소위 '문둥이촌에서 나온 닭'이라며 중간상인들이 헐값으로 사들이거나, 소비자들이 꺼려하기도 했다. 설상가상으로 전염병이 돌면서 꽤 많은 닭들이 집단적으로 폐사했고, 1986년 아시안게임 당시에 나타난 육계 파동 등도 이런 위기를 더욱 부채질했다. 더욱이 1988년 우루과이라운드 위기와 함께 성생농장에서 흘러나온 폐수가 수도권의 상수도원을 오염시킨다는 정부 관계부처의 지적이 계속되면서 남양주시는 이 지역을 상수도 보호구역으로 지정했다.

정부에선 성생마을의 양계·양돈 사업을 중지시키는 대신 기존의 땅을 공단으로 활용하도록 유도했다. 생계를 지속할 수단이 필요했던 주민들은 축사와 양계장을 개보수하거나 새로 건물을 지어 임대업을 시작했다. 그러자 영세한 제조업체와 가구공장들이 유입됐다. 성생마을 건물들은 대부분 무허가 건물이어서 임대료가 낮은 편이었고, 가구 제조를 비롯한 제조업체들에게는 넓은 공간이 필요했기 때문에 이곳이 공단으로 형성될 수 있었다.

공장들이 들어서면서 임대건물을 지어야 할 땅에 야산이 자리잡고 있는 경우, 산을 깎아 건물을 짓는 일도 있었다. 주민들은 야산의 묘지 주인들을 찾아가 비용을 지불하며 묘를 옮겨줄 것을 설득했고, 주인이 없는 묘지에 대해선 신문 공고 등을 통해 이 일대가 가구공단으로 바뀐다는 것을 알렸다. 외지에서 들어온 건설업자들은 땅 주인이 돈이 없으면 외상으로 건물을 지어주기도 했다. 이후 임대료가 발생하면 건축비용을 갚아나갈 수 있었기 때문이다. 성생농장이 '성생공단'으로 바뀌면서 영세한 사업주들이 건물을 임차해 계속 들어왔고, 가구공장을 비롯해 신발공장, 유리공장, 섬유공장, 가구전시장 등이 생겨났다.

주민들은 새벽부터 밤까지 부지런히 일해야만 돈을 벌 수 있었던 기존의 양돈·양계 사업을 접고 임대업으로 더 쉽게 돈을 벌 수 있게 되었다. 임대건물의 관리와 주민들의 권리 보호를 위해 성생공단 입구에는 '공단관리사무소'도 생겼다. 임대인이 된 한센인들은 이제 일일이 임대료를 받으러 다닐 필요도 없었다. 공단관리사무소에서 성생공단의 건물 임대와 관련된 모든 것을 관리해주었기 때문이다. 그렇게 성생마을은 1980년대 후반부터 성생공단, 마석가구공단으로 탈바꿈했다.

마석의 새로운 주민, 이주노동자들

한국에서 이주노동자의 유입 사실이 처음 공식적으로 드러난 것은 1987년 무렵으로, 당시 『동아일보』에서 '필리핀 여성들이 서울 강남에서 가사도우미로 일한다'는 내용을 보도함으로써 이주노동자의 존재를 확인시켜주었다. 필리핀에서 온 가사도우미는 대부분 고학력으로, 서울 강남에서 이들을 고용한 사람들은 이왕이면 영어교육과 가사를 동시에 해결할 수 있어 이들을 선호했다. 그즈음 필리핀 사람들은 1983년 이후 계속된 외채 부담과 악화된 경제상황에서 일자리를 찾지 못하고 돈을 벌기 위해 해외로 이동하고 있었다.

이주노동자의 유입은 그즈음 한국 사회의 급격한 변화와 관계가 있었다. 1987년 노동자대투쟁 이후 노동자들이 노동에 대한 정당한 대우를 요구하면서 이전에 비해 임금수준과 노동환경은 상당히 개선되었다. 이로 인해 저임금의 착취구조를 그대로 유지하고 있던 3D업종(건설업, 광업, 제조업 등 힘들고difficult, 더럽고dirty, 위험한dangerous 산업)에 대한 한국인의 취업기피 현상이 발생했고, 열악한 제조업 현장에선 일할 사람이 없는 공백상태가 지속되었다. 이 자리를 동남아시아 등에서 온 이주노동자들이 메우기 시작했다.[14]

1980년대 후반, 1990년대 초반부터 대규모 단지가 형성된 마석가구공단도 이러한 변화에 따라 중국, 몽골, 필리핀, 방글라데시, 인도네시아, 베트남, 태국, 카메룬, 나이지리아, 미얀마 등에서 온 이주노동자들을 고용했다. 가구공단에는 직원 10명 이내의 소규모 가구공장들이 많았는데, 이런 영세업체들은 직원들의 중노동과 저임금에 의존하는 실정이었다. 무거운 합판과 철재를 수시로 옮기는 중노동을 반복해야 하기에 육체적으로 힘이 들고, 작업환경도 열악했다. 도장[15]과 사출, 가구 접착 과정 등에서 페인트와 화학물질에 온몸이 노출된 상태로 일하는 환경인 데다, 안전과 위생, 통풍 시설도 제대로 갖춰져 있지 않아 이러한 조건을 참으면서 일하는 한국인 노동자는 공단 초창기나 지금이나 드물다.

마석가구공단에서 일자리를 구한 이주노동자들이 고향에 있는 친구나 가족, 아는 사람들을 불러들이면서 이들 사이에서 "마석에 가면 일자리를 빨리 구할 수 있다"는 소문이 퍼졌다. 공단 안에 공장이 많은 것도 한 이유가 되었지만, 무엇보다 마석에 오면 알음알음으로 연결된 고향 사람들이 많이 존재한다는 것이 이들에겐 중요했다. 그렇게 이주노동자들이 늘어나면서 1990년대 초반 이후 이곳은 본래의 주민들보다 외국에서 온 이주노동자들이 더 많이 사는 마을로 변신했다.

한국은 1980년대 중반 이후 저금리, 저달러, 저유가의 3저 호황으로 경제발전을 이루면서 노태우 정부의 신도시 아파트 200만 호 건설과 함께 건설경기가 매우 활성화되고, 1988년 올림픽 유치 이후 식생활과 주거환경도 급속히 변화했다. 1990년대 초반까지 부동산가격이 급등했고, 생활공간에서도 침대, 소파, 식탁 등이 대중화되면서 신축 아파트 단지와 숙박업소, 식당 등에서 새로이 주문되는 물량이 늘어나 가구공단도 호황을 누렸다. 1997년 IMF 경제위기가 올 때까지 이러한 추세는 계속되었다.

초기엔 중국, 몽골 등에서 온 사람들이 꽤 있었지만, 1990년대 초부터 필리핀 노동자들이 점점 증가했다. 1990년대 중반부터는 방글라데시 사람들이 유입되면서 이들의 친구, 가족, 친척들이 대거 이동해왔다. 2000년대에 들어서자 그 수가 대략 2천 명을 넘었다. 필리핀, 방글라데시뿐만 아니라 네팔, 몽골, 인도네시아, 스리랑카, 파키스탄, 나이지리아, 베트남 등에서 온 사람들도 늘어났다.

공중전화와 닭싸움: 초창기 풍경

요즘은 이주노동자들도 스마트폰을 많이 이용하고 인터넷으로 화상통화가 가능한 시대이다. 하지만 통신환경이 지금처럼 발달하지 않은 1990년대 초만 해도 마석의 이주노동자들에게 공중전화는 그리운 고향 사람들과의 주요한 연결망이었고, 한국에 와 있는 지인들과 연락을 나누며 정보를 주고받는 수단이기도 했다. 그런데 이주노동자가 점점 많아지면서 공중전화를 이용하려면 긴 줄을 서서 기다려야 하는 일이 잦았다. 그래서 앞사람이 통화를 길게 하거나, 뒷사람 생각을 안 하고 전화를 여러 통 하면 눈총을 받았다.

1990년대 중반 마석가구공단은 필리핀, 방글라데시, 중국, 몽골, 네팔, 스리랑카 등에서 온 사람들이 서로 언어도 통하지 않고 서로의 문화를 잘 모르는 상황에서 갈등을 빚는 일이 많았다. 필리핀의 에드워드 씨는 자신이 처음 마석에 왔을 때 이주노동자들끼리 문제가 많았다고 한다. 처음엔 필리핀 사람들이 많았지만 1995년 이후로 방글라데시 사람들이 많아지면서 싸움이 잦았다는 것이다. 토요일 저녁에 자주 싸웠고, 주로 술 마시고 기분이 안 좋을 때 싸움이 일어났다. 마석에서 오래 산 에드워드 씨가 당시 일화를 설명했다.

"필리핀 사람하고 방글라 사람하고 싸웠는데, 방글라 사람이 우리(필리핀 대표)에게 전화해서 우리가 5분만 기다리라고 했어요. 그런데 방글라 사람 50명이 파이프 들고 나왔어요. 그래서 필리핀 사람 세 명이 머리도 많이 다쳐 피나고, 한 사람은 다리 부러져, 다른 데도 부러졌어요. 방글라 사람들은 막 때렸고."

당시 방글라데시 사람들이 그렇게까지 심한 반응을 보인 것은, 공중전화 부스에서 통화 중이던 방글라데시 사람을 지나가던 필리핀 사람이 아무런 이유 없이 폭행한 사건 때문이었다. 방글라데시 사람들은 이 일을 그냥 넘어가지 않았고, 앞으로 자기 나라 사람을 함부로 때리면 가만있지 않겠다는 의지를 과격하게 드러냈다.

이 일을 계기로 공단 내에는 각 나라의 커뮤니티가 형성되었다. 다양한 나라에서 일하러 온 이주노동자들이 많아지면서 앞으로 이런 문제가 발생하면 나라별 커뮤니티 대표를 통해 문제를 해결하기 위해서 였다. 필리핀에선 자연스럽게 에드워드 씨가 대표로 뽑혔고, 방글라데시는 BPS(Bangladesh patriot society), BNS(Bangladesh national society), BMS(Bangladesh millennium society)라는 3개의 커뮤니티가 형성되어 각자의 성향에 맞는 커뮤니티 활동을 했다. 하지만 대체적으로 BPS 소속의 비두 씨가 방글라데시 커뮤니티 전반을 이끌었다.

이주노동자들의 커뮤니티 회의가 좀더 책임 있는 영향력을 갖기 위해선 어느 한쪽에 치우치지 않고 이들을 중재하는 역할도 필요했는데, '샬롬의집(지금의 남양주시외국인복지센터)' 이정호 신부가 함께하며 이주노동자들 상호간의 커뮤니티 활성화를 도왔다.

이주노동자들은 자신들의 커뮤니티와 다른 나라 커뮤니티에 피해를 주는 사람이 있을 때 대표에게 연락해서 이를 알리고, 대표는 지적된 사항이 시정되지 않으면 몇 차례 기회를 주고 이를 계속 어길 때는 본국으로 보내는 등의 규칙을 각 나라별로 만들었다. 그 후로 무법천지의 양상들은 조금씩 줄어들었다.

한편 공단 내의 이주노동자들 수가 늘어나면서 공중전화 앞의 긴 줄을 기다리는 것이 불편한 데다 국제전화 요금이 비싸서 전화를 자주 못 하는 사람도 있었다. 이런 정서를 잘 담아낸 글이 있는데, 방글라데시 이주노동자가 쓴 「달 전화기」라는 시이다. 1996년에 한국에 일하러 온 방글라데시의 레벤 씨(당시 33세, 남)는 마석가구공단에서 일하며 틈틈이 시를 썼는데, 그가 쓴 시가 2001년에 한국의 한 시사주간지를 통해 소개된 적이 있다.

달 전화기

새벽같이 일하고 기숙사에 갈 때
하늘 끝에 달 보며 눈물 흘린다
엄마 생각난다
엄마 생각난다

이슬 맺히는 눈으로
달 보며 물어본다
"우리 엄마 건강하니?"

나를 꿈꾸던 어머니
잠이 깨서 달 보며 대답한다
"아가야, 나 걱정하지 마라
너는 건강하니?
새벽까지 일하니 힘들지 않니?
힘들어도 힘내라
추운 나라에서 감기 조심해라
엄마 없이 아프지 말아라
밥은 꼭 많이 먹어야 한다"

새벽같이 일하고 기숙사에 갈 때
하늘 끝에 달 보며 눈물 흘린다

엄마 생각난다

엄마 생각난다

(하략)

레벤 씨는 2003년 KT에서 주최한 '외국인근로자 한글 글짓기대회'에 참가해 '으뜸상'을 수상했다. 당시의 신문에는 레벤 씨가 "한 대학생이 선물한 박노해 시인의 『노동의 새벽』을 보물처럼 여긴다"[16]는 표현이 남아 있다. 그러나 레벤 씨는 2005년에 형이 있는 화성으로 옮겨가 일하던 중, 단속반의 표적수사에 의해 강제출국을 당했다.

마석에 온 이주노동자들은 자신들의 생활문화를 고스란히 이곳으로 옮겨오면서 자신들의 일터와 주거공간에 삶의 뿌리를 내렸다. 방글라데시 사람들은 고향에서 늘 해오던 대로 작은 텃밭을 만들어 고향에서 먹던 고추 등을 기르고, 거주지나 공장 인근의 공터를 이용해 닭을 키우기도 했다. 선주민들이 키우던 닭들도 마을에 제법 있어서 처음 이곳에 온 사람들에게는 공단 내의 "닭소리가 너무 시끄러"울 정도였다.

필리핀 사람들에게 닭은 주로 여흥의 도구였다. 남자들이 휴일에 모여 즐기는 일 중의 하나가 투계였는데, 취미로 하거나 도박성으로 즐기기도 했다. 1990년대 중반만 해도 필리핀 사람들은 일요일마다 마석을 벗어난 가곡리에서 주로 투계를 했고, 상금을 걸면 이긴 팀에서 상금을 받아 나눠 가졌다. 이렇게 돈이 걸린 일이니 엄격하게 판정을 내리는 전문 심판원도 꼭 초대했다.

그러던 어느날, 경찰이 도박성 투계에 참여한 50여 명을 현장에서 모두 연행하는 일이 발생했다. 여기에는 필리핀 이주노동자뿐 아니라 한국인도 포함돼 있었다. 이 일을 계기로 차츰 필리핀 사람들의 투계 문화가 사라졌고, 지금은 마석에서 그런 풍경을 볼 수 없다.

'마석'이라는 공간

국내에는 마석가구공단만큼 이주노동자들이 상당히 밀집해 있는 지역들이 존재하지만 그 양상은 다르다. 경기도 안산의 원곡동은 노동과 생활의 공간이 어느 정도 분리되어 있다. 그래서 이주노동자들은 식당이나 상점 등 상업화된 구역에서 만나 정보와 친교를 나눈다. 부천, 시흥, 평택, 포천, 구미 등에는 마석처럼 공장과 거주공간이 뒤섞인 지역이 있지만 마석만큼 밀도가 높지는 않다.

마석가구공단은 실제 주민이 된 이주노동자들의 24시간 일상이 그대로 드러나는 곳이다. 일터와 삶터가 뒤섞여 있어서 혈연·지연 관계의 인맥이 서로의 삶을 보호하는 동시에 구속하기도 하는 구조가 형성되어 있다. 그래서 단속이나 추방 등의 위기상황이 발생했을 때 함께 대처하고 해결할 수 있는 반면, 익명성은 거의 보장되지 않는다. 그렇게 서로가 빤히 들여다보이는 생활의 공간에서 모든 사회적인 관계를 이루며 또 함께 생존해가는 작은 세계. 지난 20여 년간 다양한 국적의 사람들이 갈등과 합의 속에서 일궈온 마석가구공단의 바로 지금 모습이다.

1) 제5공화국 말기에 남영동 대공분실에서 수사 도중 폭행과 물고문, 전기고문으로 인해 사망했다. 그의 죽음은 1987년 6월항쟁의 촉발점이 되었다.

2) 1991년 5월 25일, 노태우 정권 퇴진을 주장하며 제3차 범국민대회에 참석했다가 대한극장 부근에서 백골단의 강제진압 과정에서 압사했다.

3) 1979년 10·26사태 직후 11월 24일, 재야세력이 결혼식을 가장해 집회를 연 'YMCA 위장결혼 사건'의 주인공. 대통령직선제를 요구한 이 집회에서 가짜 신랑 역할을 맡았던 그는 민청학련 사건에 이어 두번째로 구속되었다. 1997년 이후 백혈병으로 투병하다 세상을 떠났다.

4) 반독재 민주화운동에 헌신한 재야 운동가.

5) 민주화와 통일운동에 앞장섰던 목사, 신학자, 시인, 재야 운동가.

6) 1974년 민청학련 사건으로 사형선고를 받고 "영광입니다"라고 말한 것으로 유명하다. 1987년 대통령 선거 부정투표함 의혹이 불거진 구로구청 농성 이후 투옥되어 암 투병 끝에 세상을 떠났다.

7) 1988년 온도계 제조업체에 7개월여 근무하던 중, 수은중독으로 사망한 15세 소년.

8) 1985년 민청련 사건으로 구속되어 질긴 고문을 당했으며 3년간 투옥되었다. 전민련 활동으로 1990~1992년 투옥된 후, 1995년 새정치국민회의 부총재로 정계에 진출해 제15, 16, 17대 국회의원, 보건복지부 장관을 지냈다. 고문후유증으로 파킨슨병을 앓다가 세상을 떠났다.

9) 전태일의 어머니. 1986년 전국민주화운동 유가족협의회(유가협)를 창립하고 초대 회장을 맡았으며, 생을 마감할 때까지 1천만 노동자의 어머니로 살았다.

10) 뇌병변 1급 장애인, 장애인 인권활동가. 2010년 12월, 국가인권위원회 위원장 퇴진을 촉구하는 농성과 국회 예산안 날치기 통과 과정에서 장애인 복지예산 삭감에 항의하며 농성 중, 독감에 이른 폐렴으로 세상을 떠났다.

11) 1960년 '소록도갱생원'에서 '국립소록도병원'으로 이름이 바뀌었다.

12) 한빛복지협회, 『한빛』 2006년 7, 8월호, 28쪽 참조.

13) 한빛복지협회, 『한빛』 2006년 7, 8월호, 29쪽 참조.

14) 우리나라 언론에서 이주노동자에 대해 최초로 보도한 것은 1987년이었지만, 실제로 이주노동자들이 유입되기 시작한 것은 우리 국민의 '해외여행 자유화'와 해외여행에 대한 개방을 시작한 1986년부터였을 것으로 보는 시각도 있다.

15) 제품 표면에 도료를 칠해 물질의 표면을 보호하고 때가 덜 타게 하며, 매끄럽고 색감이 있게 하는 작업. 도색이라고도 한다. 균일한 도색을 위해 가구공장에서는 분체와 액체 방식을 이용하는데, 분체는 스프레이식으로 뿌리고 액체는 건으로 도색을 하는 방식이다. 작업 과정에서 분사된 페인트와 유해물질이 공기 중에 날아다니기 때문에 가구공장은 보통 천장 높이가 높다. 도장작업을 할 때는 분리된 공간에서 따로 해야 하지만 그렇지 못한 경우가 많다.

16) 『한국일보』, 2003년 10월 6일자.

2장

마석가구공단, 그 마을 사람들

마석가구공단에 방문하는 사람들은 유명 브랜드의 널찍한 가구전시장들부터 만나게 된다.

(위) 공단 안쪽에는 400여 개의 가구공장이 모여 있다.

(아래) 이주노동자들이 늘면서 공장 위에 가건물로 지은 숙소들이 많이 보인다.

공단에서 길을 잃었다면, 이주노동자에게 한국어로 길을 물어봐도 된다.

이주노동자들의 주거공간은 공장건물들 사이에 위치해 있디.

방글라데시 사람들은 공단 내 기도방을 마련해 종교생활을 이어간다.

필리핀 커뮤니티의 농구 리그는 매년 5, 6월에 시작된다.

한센인들이 샬롬의집에 들르면 오래 알고 지낸 이정호 신부가 맞이한다.

주변 풍경은 완전히 달라졌지만, 여전히 같은 곳에서 생활하는 한센인들이 있다.

간판에 이주노동자에게 익숙한 한국말인 '새끼야siekya'를 적어넣었다.

잦은 단속 이후로 공난의 골목은 이제 밤이면 인석이 낳긴다.

이주민 아이들과 한국 아이들이 함께 그린 마석가구공단 지도(마석귀향프로젝트)

마석가구공단에 오신 걸 환영합니다

국내 최대의 가구공단 마석가구공단으로 여러분을 초대합니다!!
마석가구단지는 18만 평 부지 내에 400여 가구공장과 공장직영의 90여 개 매장이 밀집되어 있어 유명브랜드 가구에서 중소업체의 가구에 이르기까지 다양한 제품을 폭넓게 선택하실 수 있습니다.

마석가구공단 홈페이지의 '공단 소개'에는 '국내 최대의 가구공단'이라는 문구가 눈길을 끈다. 이곳을 방문하는 사람들은 입구에 늘어선, 한 번쯤 이름을 들어봤을 법한 브랜드의 널찍한 가구전시장부터 만나게 된다. '공단 소개'에서 설명한 대로 '90여 개의 매장' 뒤에 '400여 가구공장'이 밀집해 있지만, 가구전시장을 찾아온 소비자들이 매장 뒤쪽까지 들어설 일은 거의 없다. 공단 안쪽으로 들어갈수록 지나가는 이주노동자들이 간간이 눈에 띄긴 해도, 이곳이 국내 최대 규모의 공장단지일 뿐 아니라 그 공장에서 일하는 사람들이 모여 살고 있는 엄연한 마을임을 알아채기란 쉽지 않다.

공단 입구에 위치한 성공회 교회와 샬롬의집 역시 가구를 사러 온 소비자의 눈에는 들어오지 않을 것이다. 샬롬의집을 지나쳐 큼직큼직한 간판이 걸려 있고 번듯한 가구들이 전시된 매장들을 따라 한참을 안쪽으로 들어가면 삼거리가 나온다. 마을의 시작은 여기부터다. 이 삼거리를 중심으로 공단의 작은 골목들이 갈라지기 때문에 이곳은 예전부터 마을의 중심지 역할을 했다. 지금은 문을 닫은 새마을금고 쪽에는 선주민이던 한센인들이 양돈·양계업을 할 때 늘 북적이던 조합사무실이 있었다. 주민들은 마을 곳곳에서 리어카를 끌고 나와 자신이 수확한 계란을 이곳에서 팔고 사료를 구입해 갔다. 이제 과거의 조합사무실은 없어지고, 이주노동자들이 주로 이용하는 마트와 식당 등이 이곳에 자리 잡았다. 공단 내에서 술집 등의 유흥시설은 모두 사라졌지만 삼거리 근처 길목에는 호프집도 한 군데 남아 있긴 하다.

삼거리에서 어지럽게 뻗어나간 작은 골목들은 외부인에게 미로와 같다. 공단이 형성될 시기에 변변한 도시설계 없이 기존의 축사나 양계장을 다급하게 공장으로 개조하면서 생겨난 탓이다. 골목마다 비슷비슷한 공장과 가건물이 늘어서 있어서 길을 찾기란 더욱 어렵다. 하지만 이 '마을'에서 노동과 생활을 동시에 해결하고 있는 이주노동자들은 일이 생기면 오히려 미로 같은 골목을 활용해서 공단 입구까지 오토바이를 타고 10분 안에 모일 수 있다.

골목 안쪽의 공장들은 대부분 소규모의 영세업체들로, 종업원 5~10인의 규모가 50퍼센트 정도를 차지한다. 5인 미만의 공장 20퍼센트, 10인 이상의 공장 30퍼센트 정도인데, 이는 샬롬의집 실무자들의 추산이다. 공장주들이 외부의 조사를 예민하게 받아들이는 까닭에, 사업체에 대한 공식적인 통계자료는 아직 없다.

공장은 가구공장들이 주를 이루는데, 'ㅇㅇ가구' '△△소파' 같은 간판을 달아둔 곳도 있고, 아무 간판도 없이 덩그러니 건물만 있는 곳도 있다. 대다수의 공장들은 여름에도 문을 닫아놓으니 안에서 무슨 일을 하는지 밖에서는 보이지 않는다. 공장으로 자재가 들어오거나 생산, 제작된 가구를 밖으로 운송할 때만 활짝 열린 공장 문 사이로 지게차가 움직인다.

공장들은 대부분 1층의 높이가 보통 건물의 2층에 해당할 만큼 천장이 높다. 밖에는 다양한 목재 합판이 사이즈별로 쌓여 있고, 건물 크기에 비해 상대적으로 작아 보이는 창문에는 목재 가루와 분사된 페인트들이 덕지덕지 들러붙어 있다. 이곳의 작업환경을 짐작하게 해주는 모습들이다. 가구공장은 목재와 화학약품을 많이 다루는 특성상 한 공장에서 불이 나면 옆으로 한꺼번에 불이 번지는 위험을 안고 있다. 실제로 불이 나서 옆 공장까지 다 태우고 폐허가 된 공장 터도 있다.

공단에는 그 밖에도 원단을 주로 생산하는 섬유공장, 슬리퍼 등의 실내화를 만드는 신발공장, 침대 다리 등 가구에 필요한 플라스틱 부품을 제조하는 플라스틱공장, 거울이나 강화유리 등을 생산하는 유리공장이 있다.

이곳이 '마을'임을 증명해주는 거주공간은 큰길에서 뻗어나간 골목들 사이에 공장들과 뒤섞여 있다. (그래서 단속이 시작되면 한꺼번에 잡히기도 하지만, 반대로 소식이 빨리 퍼져나갈 수 있다.) 공단에 이주노동자들이 점점 늘어나면서 이들을 위한 주거용 공간이 더 많이 필요해지자, 건물주들은 공장과 기숙사를 아래위층으로 짓거나 공장 인근에 주거용 건물을 따로 지어 임대하기 시작했다. 그렇게 생겨난 공장 위 패널 식 숙소들과 주변의 낡은 일반 주택들이 1970년대 한국의 빈민 주택가 풍경을 이루고 있다.

숙소는 '닭장집' 형태가 많은데, 유일한 출입구를 열고 들어가면 복도를 사이에 두고 양쪽에 10가구 이상씩 다닥다닥 붙어 있다. 방들은 원룸 형태로 싱크대와 수도시설, 작은 화장실이 안에 갖춰져 있지만, 드물게 마당이나 복도에 공동 화장실이 설치된 곳도 있다. 여름에 복도

쪽으로 난 창문을 열어놓으면 안이 훤히 들여다보이고, 이웃집에서 뭘 해먹는지 금세 알 수 있으며, 옆방에서 텔레비전을 크게 틀거나 웃고 떠드는 소리도 모두 들린다. "아름다움과 행복이 깃들인 주거공간의 꿈, 마석가구공단과 함께 시작하십시오"라는 가구공단 홈페이지의 광고 글은 이주노동자들에게는 먼 얘기일 뿐이다.

공단에서 조금 안쪽으로 올라간 언덕에 지은 '새동네' 쪽 주택은 공단 내의 원룸 형태 집들보다 조금 비싸다. 마당과 텃밭이 있고 대문이 있는 일반 연립주택 형태의 집들이라서다. 30세대가량 살고 있는 이곳은 언덕 아래쪽에 비해 공기가 맑은 편이고, 이주노동자들 표현에 의하면 '집 같은 집'이 있는 동네여서 공단 안에 있으면서도 공단을 약간 벗어난 듯한 느낌을 준다. 그래서 어린아이가 있는 이주노동자들은 집값이 조금 비싸도 새동네에 있는 주택을 선호한다.

공단의 한가운데쯤, 지금은 이사 간 교회의 옛 건물이 그대로 남아 있다. 이 공단이 오래전부터 마을이었음을, 이곳이 마을의 중심이었음을 기억하게 한다. 그 앞을 지나 계속 가다보면, 공장 건물들 사이로 보일 듯 말 듯 운동장이 드러나는 녹촌분교가 있다. 공단 안팎의 초등학생 15명이 다니는 초등학교다. 2013년 2학기 현재, 이주노동자의 자녀는 한 명이 다니고 있다.

녹촌분교 입구가 나 있는 대로에서 더 직진하면 '화도목장'이 나온다. 말 그대로 소를 키우는 '목장'이다. 공단 안에 이런 풍경도 있었나 싶을 정도로 평화롭고 목가적인 분위기가 느껴지는 곳이다. 목장 입구가 '예뻐 보인다'는 이유로 이곳에서 2008년 MBC 드라마 〈베토벤 바이러스〉의 한 장면을 촬영했다. 초기 이주노동자들도 화도목장을 배경으로 사진을 찍어 고향의 가족에게 보내곤 했다. "나는 여기서 잘 있어요"
하는 메시지와 함께.

　가구공단의 끝은 오랫동안 방치되어 부서져버린 공장 건물과 오래
묵은 가구 쓰레기들이 널려 있는 넓은 공터다. 그 너머 공단 밖으로는
아파트 단지가 보인다. 1970년대의 낡은 건물 풍경이 그대로 남아 있는
가구공단과 2000년대 도시개발로 건설된 새 아파트들이 이 공터를 사
이에 두고 마주 보고 있다.

마을 사람들을 소개합니다

현재 대다수 주민, 이주노동자

　마석가구공단에서 일하는 한국인들은 낮에만 공단 안에 머물고 퇴
근시간 이후에는 대부분 공단 밖의 집으로 돌아간다. 공단 안에 거주지
가 있는 한국인도 있지만, 이들은 선주민인 한센인들과 일부 자영업자
들로 이주노동자들에 비하면 소수다. 공단에서 일과 생활을 모두 해결
하는 실제 주민은 이주노동자들이다. 이들에 대한 정확한 인구학적 통
계는 없다. 대부분 신분 노출을 꺼리는 '미등록' 신분이며, 더 나은 일자
리를 찾아 다른 지역으로 이동하거나, 단속에 걸려 강제출국을 당하는
일들이 수시로 벌어지기 때문이다. 많을 때 2천 명, 지금처럼 적을 때는
700~800명으로 추산되는데, 그만큼 경기를 많이 타는 편이다. 나이로
보면 30대가 40퍼센트를 차지하고 40대 30퍼센트, 20대 20퍼센트, 10
대와 50대는 각각 5퍼센트 정도이다.

　현재 공단에서 가장 많은 수를 차지하는 것은 방글라데시와 필리핀

국적의 노동자들이다. 각각 300명, 200명 정도다. 방글라데시 사람들 중에는 남성이 여성보다 훨씬 많은 반면, 필리핀은 남녀 비율이 비슷하다. 방글라데시 여성들은 남편을 따라 오는 경우가 많고, 필리핀 여성들은 미혼이든 기혼이든 독립적으로 입국하는 경우가 많다. 이런 특징은 이주노동자의 아이들 수에서도 드러난다. 방글라데시 부부의 자녀는 한때 20여 명 정도였는데, 단속으로 인해 엄마와 함께 귀국하면서 그 수가 점점 줄어들고 있다. 반면에 필리핀은 남녀 비율이 동등한 상황에서 결혼과 출산이 늘고 있는 추세다.

그 밖에 스리랑카인 50명, 네팔인 40명, 베트남 30명, 인도네시아 20명 정도가 있으며, 나이지리아, 미얀마, 몽골에서 온 노동자들도 10명 안팎이다. 그리고 이들의 아이들이 30명가량 된다.

공단에서 만나는 이주노동자들의 국적은 그들이 즐겨 하는 운동만 봐도 쉽게 분간할 수 있다. 농구를 하거나 권투 중계를 보는 사람은 필리핀 사람일 것이고, 축구를 하면 네팔, 크리켓을 하면 방글라데시나 스리랑카 사람일 가능성이 높다. 더 확실한 차이는 본국에서처럼 유지되는 그들만의 종교생활이다. 방글라데시 사람들은 자체적으로 공간을 빌려 이슬람 기도방으로 사용하고, 이맘(예배 인도자)이 기도를 주재한다. 이맘 역시 미등록 이주노동자로 가구공장에서 일을 하고 있다. 힌두교 기도방도 작게 마련되어 있다. 반면 필리핀 사람들은 성공회와 인근 교회를 다닌다.

공단의 미로 같은 골목에서 길을 잃었다면, 이주노동자에게 한국어로 길을 물어봐도 된다. 보통은 한 공장에서 같은 나라 사람들이 일을 가르쳐주고 기술을 전수해주는데, 한국인과 어울려 일하는 이주노동자들은 한국말을 자주 듣고 적응하면서 한국말 습득이 빠른 편이다. 공단 내의 생활도 익숙해지면 이주노동자들은 한국어를 서로 가르쳐주기도 하고 한국의 영화, 드라마를 보면서 자연스럽게 터득하기도 한다. 네팔, 방글라데시 사람들은 비교적 한국어를 빨리 익히고, 한국인과의 의사소통에 큰 어려움 없이 대화가 가능하다. 그러나 한국어를 읽고 쓸 정도의 한국어 실력을 갖추기까지는 시간이 좀 걸린다. 영어를 구사하는 이주노동자(아프리카, 필리핀, 인도네시아 등)일수록 한국어 습득이 다소 늦는 경향이 있다. 한국말을 몰라도 영어로 말하면 어찌 되었든 의사소통이 대충 가능하다는 것을 경험으로 알았을 것이고, 영어로 말하는 사람들 앞에서 괜히 위축되는 한국인의 모습을 이들도 의식하고 있는 것으로 보인다.

선주민이자 건물주, 한센인

20대 청년기에 녹촌리에 정착했던 한센인들은 50년 이상의 세월이 지난 지금 70, 80대 노인이 되었다. 마을에 아직 남아 있는 사람도 있지만, 외지로 떠나거나 인근의 아파트촌으로 이사를 간 사람도 있고 나이가 들어 세상을 떠난 이들도 제법 있다. 그러나 공단 건물주의 70퍼센트는 여전히 이들 한센인이다. 성생공단, 성생가구공단, 마석가구공단이라는 이름이 공존하던 1990년대 후반 이후 건물주가 한센인 자녀로 바뀌기도 했다. 건물을 외지인에게 팔고 마을을 떠난 한센인들도 있기 때문에 공단 내 건물의 30퍼센트 정도는 외지인이 차지하고 있다.

2013년 8월 현재 녹촌리 노인정에 모이는 사람은 모두 84명으로, 그중 75명이 공단 내에 살고 있고 9명은 인근의 아파트촌 등 외부에 거주한다. 이는 녹촌리 노인정 회장이 제시한 수치로, 남성과 여성 비율은 3대 7 정도다. 이들은 노인정에 모여 점심을 함께 먹고 윷놀이를 즐기기도 하며, 정기적으로 찾아오는 이미용과 의료 봉사를 활용하기도 한다. 밭이 있는 사람들은 배추, 고구마, 열무 등 각종 채소를 심고 밭일을 한다. 한센병은 치유되었지만 그 후유증으로 몸이 약해져 당뇨병, 고혈압, 간질환, 심장병, 두통 등의 증상으로 꾸준히 약을 복용하거나 노인성 질환으로 병원을 다니는 사람들도 있다.

노년층이 된 한센인들은 임대 수입으로 안정적인 생활을 하고 있다. 임대건물에 관한 제반 사항은 공단관리사무소에서 모두 관리해주므로 크게 신경 쓸 일이 없긴 하다. 그러나 공단 내에 살고 있는 한센인들은 자신의 건물에서 임대료가 오랫동안 밀리거나 하면 지나가는 길에 공장 또는 매장을 찾아가 직접 임차인을 만나본다.

이주노동자들이 대거 이동해왔던 1990년대 초중반에는 마을 주민인 한센인이 이주노동자들의 임금체불 문제를 직접 나서서 해결한 적도 있다. 지금은 세상을 떠났지만, 한센병 후유증으로 손가락 열 마디가 일그러지고 다리 한쪽이 없던 김종호 씨 이야기다. 그는 성생마을이 성생농장을 거쳐 성생공단이 되었을 때 공단관리사무소 직원으로 일했다. 남 보기에 불편한 몸이었지만 그런 것에 개의치 않고 외향적이고 적극적인 성격이어서 누가 시키지 않아도 소형 오토바이를 타고 다니며 공단 내의 자잘한 일들을 관리했다. 또한 자기 소유의 공장에서 이주노동자들에 대한 임금체불이 계속되거나 나쁜 소문이 돌면 가만히 있지 않았다.

"벼룩의 간을 빼먹고 문둥이 콧구녕에 있는 마늘을 빼먹을 새끼들아, 꺼져!"

그가 습관처럼 내뱉는 말 한마디에 임금체불 공장주는 꼼짝없이 두 손을 들었다. 임대인이 이주노동자들을 대신해 공장주를 거세게 압박하면 어쩔 도리가 없었다. 체불된 임금을 해결해주고 공장 운영을 계속하든가, 임대인의 요구대로 이곳을 떠나든가 둘 중 하나를 선택해야 했다.

단지 앞쪽의 매장주와 안쪽의 공장주

소규모 공장을 운영하는 이들에 비해서 소비자들이 공단 입구에서 만나게 되는 전시장(매장)의 주인들은 비교적 부유한 편에 속한다. 공단 내에서 공장을 함께 운영하는 경우도 있는데, 보통은 가족이 역할분담을 한다. 그러나 최근의 불황은 공장주와 매장주 모두에게 타격을 주었다.

공장을 운영하는 사업주들은 웬만하면 열악하고 취약한 조건인 마석가구공단에서 벗어나고 싶어한다. 하지만 대부분은 인력난 때문에 그러지 못한다. 실제로 이곳에서 돈을 좀 벌게 되어 포천가구공단 쪽으로 옮겨간 공장주도 있지만, 단속으로 직원들이 한꺼번에 잡혀가 공장 가동이 중지되거나, 거래처와의 관계에서 현금이 돌지 않아 공장 문을 닫고 떠나는 공장주들이 더 많다. 자의로 떠나느냐, 타의로 떠나느냐가 관건이다.

단속으로 인해 갑자기 일할 사람을 잃으면 공장주들도 손해가 많다. 어느 정도 숙련된 사람들이 단속으로 강제출국을 당하면 당장 그 자리를 메워줄 사람을 구하기가 어렵기 때문이다. 그래서 공장주들은 "제발 단속 좀 안 했으면 좋겠다"고 목청을 높여 하소연한다. 한국에 오래 체류한 사람은 미등록 이주노동자가 될 수밖에 없는데, 이들을 잡아가면

76

영세한 공장주들은 어떻게 사업을 하라는 것인지 한숨이 나온단다. 게다가 "그동안 시간과 돈을 투자해가며 애들한테 기술 가르쳐주고, 월급 올려달라 하면 다 올려주고 했는데, 외국 애들은 가버리면 거기서 끝"이라는 것이다. 몇 년 동안 일에 대한 노하우가 생긴 숙련공들을 잡아가고 강제출국시키면 "손해 보는 건 공장"이란다.

공단 내 관리 책임자, 공단관리사무소

공단관리사무소는 자체 경비대를 두어 건물 임대료뿐 아니라 공단 내의 자잘한 문제를 모두 처리하는데, 임대료가 밀린 공장주에게는 임대료를 독촉해 받아내거나 그에 상응하는 조치를 취해 건물주가 피해를 보지 않게 해준다. 그 덕분에 건물주들은 공단관리사무소에 일정한 회비를 내고 모든 것을 맡기는 편이다.

공단관리사무소는 공장주들을 위한 공단 관리도 맡아 한다. 공단 내의 영세한 공장주들은 기본적인 안전장비와 환기시설, 소방시설 등의 시설투자를 하지 않기 때문에 외부에서 온 사람들이 자신의 공장을 자세히 들여다보는 것을 꺼리고, 특히 사업장 주변에서 사진 촬영하는 것에 대해선 매우 민감하게 반응한다. 공장주들의 약점이 되는 작업환경을 조사하는 것도 웬만해선 허용하지 않는다. 또 이주노동자들을 불시에 단속할지도 모른다는 불안한 심리도 깔려 있다. 외부인이 카메라를 들고 돌아다니면 "왜 그러시냐?"고 따져묻거나 관리사무소에 즉시 연락해 곧바로 오토바이를 탄 경비대 직원을 출동시킨다.

공단관리사무소를 통하지 않고 개인이 집세를 관리하는 임대주택도 있지만, 공단 내 대부분의 건물은 관리사무소에서 주택과 임대료 관리를 받는다. 이주노동자들이 숙소로 사용하는 건물의 경우 모두 출근하면 관리사무소에서 출입문을 잠그고 퇴근시간 무렵에 출입문을 열어주기도 한다.

그 밖의 한국인들: 1인공장주, 가게 주인, 식당 주인, 이발소 주인 등

공단 내에는 드문드문 한국인 노동자들이 함께 일했다. 최근에는 공장주의 친척뻘 되는 공장장 등을 제외하고 한국인 노동자가 거의 없는 실정이다. 일부 공장에선 한국인 노동자가 대부분의 일을 담당하고 한국인이 꺼리는 일에만 이주노동자를 고용하기도 한다. 그러나 마석가구공단 내에서 이런 사례는 드문 편이다. 공단의 외곽에 혼자서 일하는 한국인 공장주가 가끔 있는데, 이들은 임금 지불의 부담을 줄이기 위해 혼자 주문을 받고 제작까지 담당한다. 과거에 주문 물량이 많을 때는 이주노동자들을 고용했지만, "말이 잘 통하지 않아 일을 부려먹기 어렵다"고 결론을 내렸다. 이와 같은 '나홀로 사장'들은 먼지와 화학약품의 위험을 혼자 감수하면서 자신이 평생 해온 익숙한 일을 계속해간다. "그나마 이 일을 하면서 먹고살 수 있어 다행"이라 생각한다. 다른 지역에 비해 임대료가 저렴하기 때문에 나이가 들어서도 일을 놓지 않으려 애쓴다.

1990년대 초만 해도 공단 내에는 이주노동자들을 위한 가게가 거의 없었다. 그러나 이주노동자들이 점점 많아지자 이들이 즐겨 먹는 음식재료와 기호식품을 공단 내의 마트나 슈퍼에서 팔기 시작했다. 이곳 주인들은 IMF 전후의 경제위기를 겪으며 임대료가 저렴한 이곳을 찾아와 개인사업을 시작한 사람들이다. 이들은 가게에 딸린 집에서 저렴한 임대료를 내며 살거나, 인근의 평내호평역, 마석역 주변, 구리시 등에 살면서 출퇴근을 한다.

가게 주인들은 주요 고객인 이주노동자들을 위해 나름의 마케팅 활동도 펼친다. 다른 곳에서 비싸게 구입해야 하는 동남아의 물품을 좀더 저렴하게 팔기 시작한 M슈퍼 주인은 각 나라의 물건 이름과 간단한 인사말을 외워서 손님을 맞이했다. 이주노동자들이 이 가게를 자주 이용하자, 이것이 주변 마트의 '동남아시아 제품' 가격을 낮추는 효과도 가져왔다.

간판에 '새끼야siekya'를 써넣은 S마트도 이주노동자들에게 오히려 친근함을 주었다. 이주노동자들이 공단에 와서 한국인 공장주나 공장장에게 제일 많이 듣는 소리가 "새끼야"였고, 이 말을 배운 이주노동자들이 한국인을 보면 아는 체하는 인사로 "새끼야"를 써먹었기 때문이다. S마트는 여주인이 필리핀 남자와 함께 살기 때문에 친분이 있는 필리핀 친구들이 주로 이용한다.

S마트 맞은편은 A마트로, 한센인이 처음 가게를 열었고 그 자녀들이 결혼해 마트를 운영한다. 이곳은 주로 방글라데시 이주노동자들이 많이 이용하는데, 가구공단의 삼거리 길목에 있는 이 마트들은 단속이 심해지기 전에는 이주노동자들의 '만남의 광장'이기도 했다.

공단 내에는 30~40곳의 식당이 있다. 이중에서 영업을 하지 않고 간판만 남아 있는 곳도 10여 곳 정도 된다. 식당들은 공단 내의 길을 따라 드문드문 하나씩 생겨났고, 예전에는 영업을 했을 것으로 짐작되지만 공단 내에 이주노동자의 수가 줄어들면서 지금은 문을 닫고 인적이 전혀 없는 식당들도 제법 눈에 띈다.

식당들은 공단 사람들의 식사시간에 맞춘 음식을 매우 중요시한다. 물론 공단이기 때문에 배달해주는 식당도 있다. 공단 어디로든 이동이 편리한 삼거리 인근에 자리를 잡고 식당을 운영 중인 이종호 씨(39세, 남)는 배달 박스에 밥과 반찬을 깔끔하게 분류해 담아서 배달해주는 방식으로 매월 일정한 식사량을 확보해왔다. 점심식사는 한국인 공장주들도 이용하기 때문에 이주노동자와 한국인 모두를 배려한 메뉴를 준비한다. 중국 김치를 쓰기보다 직접 담근 김치를 사용하고, 돼지고기를 먹지 않는 방글라데시 사람들을 위해 불고기나 육개장, 닭볶음탕 등을 내세웠다. 이런 식당 외에 공장주의 어머니, 아내 또는 가족이 공장 주변의 공간을 빌려 소규모의 식당을 운영하는 경우도 있다. 공장주가 지출해야 할 직원의 식사비용을 가족 내의 수입으로 돌리는 방식이다.

공단 내에는 낡고 오래된 이발소도 한 군데 있다. 젊은 층은 이발소 주인이 "손이 느리다"며 이곳을 이용하지 않고 마석역, 평내호평역 주변으로 나간다. 60대 후반의 할아버지가 운영하는 이곳은 7천 원 정도로 값이 싸기 때문에 여전히 이곳을 찾는 단골들로 근근이 유지된다. 겨울에는 연탄난로를 피우면서 낡은 옛날 이발소의 모습을 그대로 이어가는 주인 박씨는 공단 안에 사는 주민이기도 하다.

이주노동자 지원단체, 샬롬의집

가구공단 입구의 언덕을 올라가면 가장 먼저 눈에 들어오는 공단관리사무소 건물 뒤로 '남양주시외국인복지센터'가 보인다. '샬롬의집'으로 불리는 이 센터는 1992년 성공회 남양주교회의 공간을 이주노동자들에게 쉼터로 개방하면서 그 역사가 시작되었다.

초기 성생마을에서 한센인 주민들에게 땅을 분할할 때 3400평의 땅이 남았는데, 이 땅은 분할 당시에 주민 다섯 명의 공동명의로 등록해두어 마을 공동체의 필요에 따라 이 다섯 명이 합의하면 땅을 사용할 수 있게 했다.

그런데 시간이 지나면서 이 땅에 대한 의견이 제각기 다르게 드러났다. 몇 사람은 "땅을 팔아서 똑같이 나눠갖자"고 주장했고, "여기에 공장을 짓자"고도 했다. 그러자 다섯 명 중의 한 명이던 당시 성공회 교인 회장 성나자로 씨는 교인들과의 회의에서 "우리를 위해 쓰기보다는 교회를 위해 땅을 기부하자"고 제안했다. 그는 땅 소유주로 되어 있던 나머지 네 명에게도 "우리들이 세상에 와서 병들고 고생하고 어려웠지만, 그래도 성공회에서 우리에게 이런 공간을 만들어주지 않았나. 우린 땀 한 방울 흘리지 않고 이런 공간을 얻었다. 우리가 이 땅을 기부하면 성공회가 우리에게 더 잘해줄 것 아니냐"라며 설득하려 했다. 다섯 명의 공동소유자도 "땅을 팔자"와 "기부하자"는 쪽으로 의견이 갈렸다.

결국 투표로 결정하기로 했다. 그 결과 2대 2로 의견이 나뉘었으나, 나머지 중요한 한 표를 쥐고 있던 성나자로 회장이 예상대로 "기부하자"는 쪽에 손을 들어주어 이 땅은 성공회에 기부하게 되었다. 반대하던 두 명도 나중에는 이 결정을 받아들였다.

1987년, 한센인들은 공동명의로 되어 있던 땅을 성공회 교회에 기부했다. 이는 자신들의 재산을 교회에 돌려주는 것을 의미했다. 또한 이 땅이 한센인과 이주노동자들, 샬롬의집을 연결해주는 주요한 역할을 하게 되었는데, 지금의 샬롬의집이 바로 이 땅 위에 지어진 것이다.

1990년대 초만 해도 이주노동자들은 먼 나라에 와서 겪는 생활의 불편과 차별, 인권 문제 등을 하소연할 곳이 없었다. 가족에 대한 그리움과 고된 노동 사이에서 마음 둘 곳이 없어 방황하기도 했다. 국적이 다른 사람들이 같은 공장, 한 동네에 어울려 살다보니 서로 다른 문화에 대한 이질감으로 갈등이 일어나기도 했다.

당시 대한성공회 남양주교회의 사제였던 이정호 신부는 마석에 온 이주노동자들의 삶을 지켜보며 평소 그의 주관대로 "교회는 가난한 자, 어려움에 처한 자, 세상의 가장 낮은 곳에 있는 자들을 돕고 희망을 함께 나누는 곳"이어야 한다는 생각을 재확인했다. 주민들의 증언에 의하면 그는 마을 주민인 한센인들과 허물없이 지내며 부모처럼 기댈 수 있는 사제였고, 가슴속에 있는 말들을 모두 털어놓을 수 있는 친구 같은 존재였다.

1992년에 이정호 신부는 이주노동자들을 대상으로 하는 '아시안 주일' 미사를 계획, 진행했다. 성공회 이재정 신부, 갈릴리교회의 인명진 목사 등이 그와 뜻을 함께하면서 당시의 "50명쯤 겨우 들어갈 수 있는 허름한 교회"에 "사람들이 마당까지 가득" 찼다. 이주노동자 300~400명이 미사에 참여했고, 이를 계기로 "이주노동자들을 위한 활동이 본격적으로 시작"됐다. 지역 주민들뿐만 아니라 이주노동자들을 위한 쉼터로 교회를 개방한 것이다. 이후 이슬람교를 믿는 방글라데시 사람들도 자신들에게 어려움이 생기면 이를 상담하기 위해 교회를 찾아왔고, 이주노동자들 수가 많아지면서 샬롬의집은 더욱 바빠졌다.

샬롬의집 건물이 별도로 만들어진 것은 1997년 8월이었다. 그 후 2005년에 남양주시의 지원을 받아 지금의 센터를 건축했다. 현재 샬롬의집은 사무국에 근무하는 6명을 포함해 30여 명의 실무자들이 매일 출근한다. 물리치료실과 치과진료실, 내과진료실을 갖춘 의료지원센터, 그리고 부모가 일하는 시간에 보육이 필요한 이주노동자의 아이들을 맡아주는 무지개보육실, 이주여성지원센터 등을 갖추고 있다.

성공회 남양주교회에는 두 개의 커다란 종이 달려 있는데, 이정호 신부의 증언에 의하면 아래쪽에 있는 종은 1960년대에 한센인들이 마을에 정착하면서 자신들의 교회를 위해 "대구에 있는 장인에게 특별히 주문, 제작해 마석역까지 받으러 나가서는 꼬박 하루 걸려 리어카에 신고 온" 것이라 한다.

세월이 지나 이주노동자들이 공단에 일하러 온 뒤부터 이 특별한 종은 한 가지 기능을 더하게 되었다. 단속차량이 들어왔을 때 이를 알리는 주요 신호로 활용된 것이다. 종이 울리면 이주노동자들은 재빨리 몸을 숨기거나 산으로 도망가고, 상황에 대처하기 위해 샬롬의집으로 얼른 모였다. 물론 휴대전화가 보급되기 전, 2000년대 초반까지의 일화다.

일터의 풍경

italiano casa

안개가 낀 공단의 아침, 이주노동자들이 오토바이로 출근을 한다.(왼쪽)
공장주는 비용 절감 때문에, 이주노동자는 임금체불이 섞어서 '알바'를 선호하기도 한다.(위)

가구공장에는 언제나 목재 먼지가 자욱하지만 통풍이 잘되지 않는다.

'뻬빠' 일을 하는 여성 노동자는 '단순노동'이라는 이유로 임금이 적다.

스프레이로 가구에 도장을 하면 미세 입자가 공기 중에 날린다.

점심을 빨리 먹고 남는 시간에 공장 한편에서 낮잠을 자기도 한다.

쉬는 시간에도 대부분 일을 하는 작업장에서 쉰다.

마석가구공단의 하루

공단에 어둠이 걷히고 새벽의 찬 공기가 내려올 즈음, 골목마다 짙은 안개가 깔린다. 이곳은 분지라서 공기 순환이 잘되지 않는 탓이다. 해가 뜨면 출근시간을 앞둔 공단 내에선 몇몇 식당들이 분주하다. 점심때 늦지 않게 식사를 배달하려면 이른 아침부터 바지런히 준비해야 한다.

아침 8시, 물건을 운송하는 트럭과 출근하는 공장주의 차량이 큰길을 따라 줄지어 공단에 들어온다. 삼거리의 마트들도 음료수나 생필품, 담배 등을 사러 오는 손님을 위해 가게 문을 연다. 공단으로 출근하는 40, 50대 한국인들이 공단 아래 도로변 버스정류장에 내려 경사진 언덕을 올라 공단으로 걸어 들어오고, 마을 골목골목 사이 집들에서는 이주노동자들이 출근길에 나선다. 더러 아이들이 가방을 메고 나오기도 한다.

8시 10분경이면 공단 곳곳이 이주노동자들이 탄 오토바이로 북적인다. 출퇴근시간에는 각 골목마다 빠르게 달려나와 공장과 집으로 향하는 오토바이를 볼 수 있는데, 함께 이동하는 친구나 가족을 뒤에 태운다. 오토바이를 이용하는 건 주로 남자들이고, 여자들은 그 뒤에 타거나 걸어다닌다. 부모가 일하는 동안에 돌봄이 필요한 이주노동자의 어린 아이들은 공단을 한 바퀴 도는 샬롬의집 무지개보육실 차에 올라탄다. 러시아워가 지난 8시 25분이면 공단은 순식간에 한산해진다. 대부분 출근을 마친 것이다.

오전 시간, 녹촌리 노인정에는 옛 성생마을 주민들이 모인다. 마을이 형성될 때부터 가구공단으로 변화되기까지의 모든 역사를 지켜본 노인들은 일요일을 제외하고 하루도 빠짐없이 노인정에 나간다. 12시에 점심을 먹은 후 이들은 공단관리사무소에 들러 돌아가는 소식을 듣거나 성당과 샬롬의집에서 사람들을 만난다. 아니면 자신의 텃밭에서 일을 한다.

가구공장들은 오전에 일하면서 생겨난 톱밥 먼지들, 그리고 본드와 페인트 등의 화학제품 냄새로 가득하다. 보통 12시 30분부터 1시 30분까지인 점심시간이 되면 노동자들은 답답하던 마스크를 벗어버리고, 벌겋게 충혈된 눈을 깜빡거리며 옷을 턴다. 봉고차로 배달 오는 식당 밥을 이용하는 공장도 있고, 공장 근처에 있는 식당을 정해놓고 점심을 먹는 공장도 있다. 식당 밥이 지겨워 집에 가서 점심을 먹고 오는 사람도 있다. 공단 바깥에 있는 농협 등에서 현금을 찾거나 샬롬의집에 상담이나 도움 요청을 하는 등 볼일이 있는 사람은 식사를 빨리 마치고 오토바이로 나갔다 오고, 그렇지 않은 사람은 공장 안팎의 공터나 휴식공간을 찾아 쉬면서, 동료들끼리 공장 사무실 주변에서 커피나 녹차가 담긴 종이컵을 들고 한담을 나눈다.

오후 3시 30분경, 찹쌀순대와 떡볶이 차량이 공단을 돌아다니면 간식시간이다. 대부분의 공장에서는 30분 동안 간식시간을 지키지만, 일이 너무 바쁘면 이 시간이 짧아지거나 생략된다. 간식시간이 끝나갈 즈음, 공장 밖은 나른한 오후이다. 마을 여기저기에 돌아다니는 길고양이 가족이 보이고, 이주노동자 부부가 키우다가 강제출국을 당하면서 갑자기 집을 잃은 떠돌이 개들과 공장에서 방범용으로 키우는 개들이 낯선 사람을 경계하거나 짖어댄다.

퇴근시간이 다가오면 샬롬의집 무지개보육실에 있던 아이들이 집으로 돌아갈 준비를 마치고 보육교사들과 함께 차에 오른다. 이 치는 공단을 돌며 아이들을 집에 보내는데, 부모가 야근이 잦거나 퇴근시간이 일정하지 않을 때는 공장 앞에 내려주기도 한다. 보통은 아이가 돌아오는 시간에 맞춰 엄마들이 6시경 퇴근을 한다. 야근을 하게 되면 공장에서 주문해주는 식당의 배달음식을 먹거나 공장 근처의 식당을 찾는 시간이다.

늦은 밤, 불을 환히 밝힌 채 철야를 하는 공장도 있다. 주로 섬유공장과 신발공장, 플라스틱공장이다. 이 공장들은 주간조와 야간조로 나누어 일한다. 가구공장들은 대부분 주간에만 일하는 편이라 퇴근시간 이후엔 한산하지만, 결혼과 이사 시즌을 맞이하는 봄과 가을에는 일이 많아 야근을 할 때도 있다. 한국인들이 떠난 가구공단에 어둠이 깊게 깔리면 이주노동자들 숙소에 불이 하나둘 켜진다.

얼마를 어떻게 받을까

한국인이 마석가구공단에 취업을 한다면 얼마를 받을 수 있을까. 운전면허증이 있고 거래처에 배달할 능력이 있다면, 공장 일이 처음이라 해도 최소 180~200만 원 정도를 받는다. 그러나 한국인을 쉽게 구할 수 없으니, 결국 그 일을 맡게 될 이주노동자는 얼마를 받을 수 있을까. 마석가구공단에 있는 대부분의 공장에선 관리직이나 경리, 공장장을 제외하곤 한국인 직원이 거의 없는데, 예외적으로 한국인이 더 많은 곳에서 일하는 방글라데시의 하니프 씨(28세, 남)에 의하면 "경력이 비슷해도 이주노동자는 한국인이 받는 임금의 80퍼센트 정도만 받는다"고 한다. 외국인과 한국인이 비슷한 일을 하는 경우에도 그렇단다. 하니프 씨가 일하는 곳은 가구공장으로, 50여 명의 직원 중 이주노동자는 세 명

뿐이다. 이 공장에서 무거운 철재와 목재를 하루에도 수십 번씩 들어 나르는 일은 이주노동자들이 담당하는데 "한국인은 절대로 이런 일을 하지 않는다"고 잘라 말한다.

공단에서 이주노동자들이 받는 월급은 공장마다 조금씩 다르다. 일정한 관행을 유지하며 매년 조금씩 임금이 오르긴 하지만 인상 시기와 폭이 정해져 있진 않고, 보통은 직원이 "월급 좀 올려달라"고 요구하면 조금 지켜보다가 올려주는 편이다. 다른 곳으로 옮길 의사를 비춰야 올려주는 공장도 있단다. 숙련공은 일을 성실히 잘하고 생산에 큰 영향을 주기 때문에 일반적으로 5~10년 된 남성 숙련공은 180~200만 원가량, 10~15년 경력의 남성 숙련공은 평균 230~250만 원 정도를 받는다. 사장들의 표현에 따르면, "한국 사람을 고용하는 경우와 별반 다르지 않을 정도"다.

최근 단속으로 강제출국 당했지만, 그동안 한국인으로 치면 '공장장'과 같은 역할을 한 이끄발 씨(32세, 남)는 280만 원을 받았다. (공장주는 다른 사람에 비해 이끄발 씨의 월급을 높게 책정해준 대신에 야근과 휴일 수당을 따로 계산하지 않았다.) 그는 마석에 온 지 13년 된 숙련 기술자로, 가구 제작의 전체 공정을 잘 알고 있을 뿐만 아니라 도면만 있으면 거래처에서 워하는 가구를 제작해낼 수 있었다. 그래서 공정주는 그에게 모든 공정의 책임을 맡겼지만, 어떤 공식적인 직함을 주거나 하진 않았다. 이주노동자가 월급을 그만큼 받은 건 아주 특별한 예지만, 그처럼 직함이나 승진이 없는 건 아주 흔한 예다.

여성이라면 남성 노동자만큼은 못 받는다고 생각해야 한다. 가구공장에서 여성은 주로 '타카'[1]나 '뻬빠'[2] 등의 일을 담당히는데, '단순노동'

으로 분류되어 적은 돈을 받는다. 목재처럼 무거운 것을 옮기는 남성에 비해 중노동은 아니지만, 오랜 시간 서서 쉼 없이 반복되는 일을 계속 하니 노동강도가 약하다고 할 수 없는데도 말이다. 2013년 3월 현재 여성은 초보라면 120만 원 정도, 숙련공은 180~200만 원 정도를 받으며, 능숙한 숙련공으로 인정받아 '일을 아주 잘한다'고 인정받는 경우에 최고 230만 원 정도를 받은 사람이 있다고 한다.

2013년 6월 중소기업중앙회 자료[3]에 의하면 우리나라에서 일하는 이주노동자의 평균임금은 "최저임금에 잔업수당, 상여금 등을 포함하여 평균 162.1만 원(2013년 1/4분기 기준)"이라고 하니, 마석가구공단의 이주노동자도 전국 평균 정도를 받는 셈이다.

그러면 노동시간은 어떨까. 가구공장은 주로 주간에만 일하는데, 가구의 특성상 봄가을의 이사철이나 결혼 시즌 등 성수기에 생산물량이 많아지면 야근이나 주말 근무가 잦아진다. 철야를 하는 경우는 드물다지만, 도장공장 쪽은 또 예외적으로 철야를 하기도 한다. 프레스[4]공장이나 사출공장에서 제작이 끝나고 물량이 넘어와야 마지막 제작공정으로 도장을 하는데, 도장으로 넘어온 시간이 늦어지면 철야를 해서라도 다음날 오전의 물량을 맞춰야 하기 때문이다. 이런 공장에는 오래된 숙련공이 있고, 새벽까지 일을 하고도 얼른 들어가 잘 수 있도록 숙소가 공장 바로 옆에 붙어 있다. 반면에 가구공단에 들어와 있는 다른 공장들, 이를테면 섬유공장, 신발공장, 플라스틱공장은 주간·야간으로 2교대를 하면서 24시간 돌아간다.

2011년 8월 외국인이주노동협의회의 '이주노동자 실태조사 보고 및 토론회' 자료에 의하면, 1일 평균 노동시간이 8~12시간이라고 답한

노동자가 전체 78.7퍼센트(8~10시간 43.7퍼센트, 10~12시간 35퍼센트)를 차지한다. 이는 고용허가제 내에서 일하는 이주노동자의 통계자료인데, 샬롬의집에 의하면 최근 마석가구공단 이주노동자들의 1일 평균 노동시간은 12시간 정도로 추산된다. 대부분 연장근로(야근)에 의해서 평균 노동시간이 길어지고, 주5일제 근무가 아니라서 토요일이나 일요일, 휴무일에도 장시간 노동을 하기 때문이다.

토요일은 보통 오후 3시에 끝나고, 일요일은 공장주가 쉬기 때문에 모든 공장이 쉬는 편이다. 한국의 휴일도 이주노동자들에겐 쉬는 날이 된다. 일이 바쁘면 휴일에도 일할 때가 있지만 가급적 휴일은 지킨다. 한 달 근무시간에 빠지지 않고 일한 경우 '만근수당'을 정해 지급하는 곳도 있는데, 그 대신 만근을 어길 경우에는 하루 결근하면 3일치를 뺀다. 몸이 아프거나 사정이 생겨 일을 하지 못해도 결근한 날수만큼 월급에서 제한다. 물론 미등록 이주노동자에게는 건강보험이나 유급휴가가 없다.

'꺾고' 받고 늦게 받고 아예 못 받고

가구공단의 공장들에서는 첫 월급을 지불할 때 15일치 월급을 퇴사 후 지불하는 방식이 관행처럼 굳어져 있다. 이른바 '꺾기'다. 예를 들어 3월 1일부터 월급 150만 원을 받기로 하고 공장 일을 시작했다면, 3월 말에 월급을 줄 때 한 달치를 주는 게 아니라 그 절반인 75만 원만 주는 것이다. 사장 입장에선 이주노동자들이 "공장을 자주 옮겨 다니기" 때문에 "첫 월급의 절반은 나중에 돌려주는 것"이라 한다. 그러나 일해주고 돈을 받는 입장에선 "받아야 할 돈을 제때 못 받는 깃"이다. 공상을 그만두자마자 '꺾어놓은' 보름치를 받으면 운 좋은 경우인데, 퇴사 후 다음달의 월급날까지 미뤘다가 주기도 한다. 그나마 받으면 다행이다. 차일피일 미루다가 결국 떼이는 사람도 있다.

사실 이주노동자들이 그렇게 '자주 옮겨 다니는' 가장 큰 이유는 임금체불이다. 일반적으로 공장과 납품거래처의 관계에서 현금 회전이 제때 이뤄지지 않으면 임금체불이 발생한다. 물건을 넘기고도 물건값을 제때 못 받으면 한국인 사장도 어려움이 생기지만, 이주노동자들의 생활은 말할 것도 없다. 당장 집세와 공과금 등 생활비를 해결해야 하고 고향의 가족에게 돈을 보내야 하기 때문이다. 본국에 송금을 못 하면 동생들 또는 자녀가 학교를 다니기 어렵고, 가족이 생활하기가 어려워진다. 월급이 안 나오면 주변의 친구나 친척에게 우선 급한 대로 돈을 빌려 한두 달은 어떻게든 버틸 수가 있다. 하지만 3개월 이상 임금체불이 계속되면 못 받은 돈은 나중에 해결하기로 하고 우선은 다른 공장을 알아보는 것이다.

공장주들은 이에 대해 "한국인들은 문제가 해결될 때까지 기다려주는 '의리'와 '정'이 있는데 외국인들은 그렇지 않다"고 섭섭한 표정을 짓는다. 하지만 사회적 관계망이 비교적 튼튼하고 선택의 여지가 좀더 많은 한국인과, 월급 나오는 공장과 공단 내 주변 지인이 전부인 이주노동자들은 입장 차이가 있을 수밖에 없다.

그동안 마석가구공단에서도 고의적으로 월급을 제때 지불하지 않는 공장이 몇 군데 있었다. 예를 들어 "일을 못한다"고 트집을 잡거나, "싸가지가 없다"거나 "불량품이 많이 나왔다"는 등의 사유를 들이대는 것이다. 또 100만 원 미만의 소액 아르바이트 비용은 지불 우선순위에서 더 밀리는 경향이 있다. 공장주가 약속을 거듭 지키지 않으면, 이주노동자들은 샬롬의집에 찾아와 도움을 요청하게 된다. 샬롬의집 측에서는 "상담 요청을 해오면, 그중 60퍼센트는 해결이 된다"고 한다. 나머지는 노동부에 진정을 하더라도 공장주가 '배째라' 식으로 버티다가 과태료 정도만 물고 끝난다. 결국 40퍼센트는 해결이 되지 않는 셈이다.

임금체불을 방지하기 위한 이주노동자의 자구책은 주로 '달력 메모'다. 이런 일을 많이 당한 사람일수록 일한 날, 일한 시간, 특히 휴일 근무 등을 달력에 꼼꼼하게 기록한다. 소규모 업체는 출퇴근 기록기 같은 게 구비되어 있는 곳이 거의 없고 자신의 노동시간을 기록해두었다가 정확하게 정산해주는 관리자가 있는 것도 아니어서 이주노동자 스스로 기록을 남겨놓았다가 이를 입증하는 수밖에 없다.

임금체불이 계속되는 공장은 주변에 소문이 나서 직원을 구하기가 어려워진다. 사정을 잘 모르는 사람들이 가끔 이런 공장에 들어가는데, 결국 임금체불이 반복되면 이런 공장은 폐업하거나 공장주가 달아나기도 한다. 그래서 이주노동자들은 왠지 불안한 공장으로 소문난 곳보다는 월급이 좀 적어도 제때 '따박따박' 나오는 공장을 선호하는 편이다.

퇴직금 얘기까지 꺼내면 '어렵다'고 답하는 사장들이 대부분이다. 단속으로 미등록 이주노동자가 잡혀가면 공장주에게도 벌금이 부과되어 손해가 막심하기 때문이다. D공장 사장은 "벌금을 크게 한번 내기 전만 해도 이주노동자들의 퇴직금을 챙겨주었다"고 한다. 자신의 공장에서 오래 일했던 직원이 단속으로 잡혀가면서 퇴직금을 요청하면, 통장으로 보내거나 아는 사람을 통해 전달하기도 했다. 그런데 몇 년 전 누군가 신고해서 공장 직원이 여럿 잡혀갔을 때엔 생각지도 않게 벌금

1500만 원을 냈다. 혹시 몰라서 직원들에게 "붙들리면 알바(아르바이트) 했다고 말하라"고 미리 당부했는데, 단속에 걸린 사람들이 "3년 됐다" "5년 됐다"고 솔직히 말을 해버렸단다. 아르바이트 고용은 200만 원 정도의 벌금이면 되는 일이었다.

이 일이 있고 난 뒤부터 D공장 사장은 생각이 달라졌다. 일을 시키며 욕한 적도 없고, 비인간적인 대우를 하지 않았으며, 월급을 꼬박꼬박 챙겨주려고 했고, "재수 없게 벌금을 물어야 한다면 서로 좋은 쪽으로 해결하고 퇴직금이라도 챙겨주려" 했다. 그런데 이주노동자들이 "자기들 입장만 생각하는 걸 보면서 그 뒤로 퇴직금을 정확히 못 챙겨준다"고 분명한 태도를 취했다. 그러면서도 "퇴직금을 주긴 주는데, 계산대로 다 줄 수는 없다"고 덧붙였다.

월급 문제로 여러 번 골머리를 썩혀본 이주노동자들이 선택하는 것이 일용직과 비슷한 아르바이트, 즉 '알바'다. 알바는 '꺾기'도 없고 일이 끝나는 대로 바로 돈을 내주기 때문이다. 알바는 일당이 보통 10만 원이라 계속 일하면 수입이 좋다고 생각할 수 있지만, 어차피 공장주가 일손이 부족할 때만 활용하는 것이어서 안정적인 일자리는 못 된다. 알바 역시 인맥이 있어야 구할 수 있다. 주로 사장이 이주노동자 직원에게 "친구들 좀 불러와"라고 해서 채용하는 경우가 대부분이다. 게다가 "공장 사정이 안 좋다"며 돈을 늦게 지불하거나, 소액이라 차일피일 미루다 주지 않는 경우도 심심찮게 있다.

공장주가 아르바이트를 고용하는 이유는 아무래도 비용 문제다. 호황기에는 대부분 월급제로 이주노동자를 고용했지만, 2009년 경제위기 이후에는 숙련된 이주노동자와 필요인력 두세 명만 정직원으로 배치하고, 일감이 많을 때만 알바를 구한다. 이때 주로 알바를 데려오는 것은 이주노동자들이 담당한다. 마석가구공단에서 알바로 일하는 이주노동자는 현재 20퍼센트 정도로, 특수한 경우를 빼고는 고정적인 월급제보다 불안한 생활을 할 수밖에 없다.

2010년에 한국에 온 방글라데시의 카지 씨(30세, 남)는 경기도 파주 지역 가구공장에서 2012년 10월까지 일했다. 그런데 어느날 사장이 주문량이 줄어들었다며 갑자기 그를 해고했다. 아직 한국말에 익숙하지 못하고, 기술도 숙련되지 못해 월급제 일자리를 알아보기가 쉽지 않은 상황이었다. 그는 마석가구공단에서 10년 이상 일해온 고향 후배를 통해 알바 자리를 소개받아 2013년 1월에 마석으로 왔다. 카지 씨는 일주일에 3~5일 간격으로 일하며 한 달에 70~120만 원 정도를 받는다.

일하러 오라고 하면 가고, 며칠 쉬라고 하면 그냥 쉬어야 하는 게 알바라서 틈날 때마다 친구들에게 전화도 하고, 저녁에는 직접 친구들을 찾아다니며 일자리를 부탁한다. 일이 없으면 친구들이 일하러 간 시간에 혼자 집에 있는 것도 답답하고, '내일도 일이 없을 것 같아' 괜히 걱정이 된다. 그에겐 고향에 아내와 다섯 살짜리 딸이 있는데, 어린 딸이 아빠 얼굴을 잊을까봐 매일 딸과 전화로 소식을 나눈다. 그런데 일이 없고 돈도 없는 날엔 우울해져서 딸에게 전화를 할까 말까 망설인다.

스프레이에 가려진 '촉수엄금'

네팔에서 온 람 씨(40세, 남)는 인터뷰 과정에서 한국어 발음이 자연스럽고 의사소통에도 큰 어려움이 없었다. 그는 주로 한국 드라마와 영화를 보면서 발음과 표현 등을 배웠다고 했다. 그런데 한번은 그와 동화가 되지 않아 문자메시지를 남겼는데 영영 답이 오지 않았다. 나중에 확인해보니 "글은 잘 못 읽는다"고 말했다. 이처럼 대화로는 상대의 표정과 동작을 보며 한국어를 무리 없이 구사하지만, 문자로는 아직 서툰 이주노동자들이 많다.

한국인 사장이나 공장장의 지시는 잘 알아들어도, 글로 된 주의사항은 이해하기 힘든 게 이주노동자의 현실이다. 그러니 안전교육이 거의 없는 공장에서 기계에 붙어 있는 '촉수엄금(觸手嚴禁)' 같은 말을 이주노동자들이 이해하기란 거의 불가능하다.

가구공단의 공장주들은 대부분 낡은 건물에 저렴한 임대료를 내면서 공장을 운영하다보니 공장 내 시설을 안전하고 쾌적하게 갖출 여건이 되지 않는다. 이주노동자들이 일하는 공장은 대부분 통풍이 잘되지 않고, 화학약품에 그대로 노출돼 있으며, 안전시설도 미비한 곳이 많다. 가구공장에서 주로 발생하는 안전사고는 무거운 짐을 들다가 허리가 삐끗하거나 합판 조각을 이어 붙이는 타카 작업을 하다 손을 다치는 경우가 있는데, 공단 안에는 약국이 한 군데도 없다. 공단 입구에 오래된 피부질환 전문 약국이 있을 뿐이다. 가벼운 사고는 크게 문제 삼지 않고, 큰 사고를 당하면 병원 응급실로 가는 등의 조치를 취하는 것으로 해결하고 있다.

눈에 보이는 사고(손가락 절단사고 등)나 질병(피부병 등)은 쉽게 드러나기 때문에 조치를 취할 수 있지만, 눈에 띄지 않게 축적되는 문제는 나중에 큰병이 돼야 나타나므로 위험한 상황에 이르러도 산업재해로 판정받기가 어렵다. 특히 가구도색공장의 경우, 한 평 남짓한 공간에 비닐을 쳐놓고 그 안으로 이주노동자들이 들어가서 스프레이로 도색을 한다. 기계를 이용해 페인트를 분사하는 이런 작업에는 공업용 마스크를 써야 하지만, 지급되는 공장은 거의 없다. 아쉬운 대로 개별적으로 일반 마스크를 구입해 착용하기도 하는데 "답답하다"는 이유로 안 하는 사람이 더 많다. 이때 분사되는 고운 입자들은 제품에만 뿌려지는 게 아니라 일하는 사람의 얼굴, 피부뿐 아니라 주변 공기에 모두 뿌려진다. 스프레이 분사 시에 발생하는 미세 입자들이 몸에 계속 쌓이면 호흡기 질환, 뇌질환 등이 발생한다. 하지만 이런 질환은 금방 드러나는 것이 아니어서 돌이킬 수 없는 지경에 이르기도 한다.[5] 그러니 한국인은 절대로 도색작업 공간에 들어가지 않는다.

실제로 네팔의 조시 씨(당시 31세)는 체격도 좋고 매우 건강한 사람이었는데, 어느날 기운이 없고 정상적인 활동을 못 하자 지인이 대신 샬롬의집에 도움을 요청했다. 샬롬의집 실무자가 그를 병원에 데려갔는데, 결국 말기암 판정을 받았다. 이미 온몸에 암이 전이된 상태여서 손을 쓸 수가 없고, 3개월 정도밖에 살 수가 없다는 진단이었다. 가족과의 시간이 필요한 그를 위해 샬롬의집 이영 신부가 동행하여 네팔의 가족 품으로 데려다주었다. 가족에게 돌아간 지 3개월 만에 그는 사망했다. 철제 의자 스프레이 작업을 하던 공장에서 6년 동안 조시 씨와 같이 일했던 사람도 뇌에 구멍이 나서 사망했다는 사실이 드러났지만, 정확한 원인이 공식적으로 밝혀지지는 못했다.

가구공장들은 목재와 화학약품을 주로 다루기 때문에 수시로 화재 위험에 노출되어 있다. 하지만 소방시설 등 안전장비가 미비한 상태에서 한 공장에 불이 나면 작업장 안에 있던 노동자들이 대피하기 어려워 큰 화상을 입을 뿐 아니라, 주변 공장이 모두 피해를 입는다. 2012년 12

월, 한 가구공장에서 불이 나는 바람에 필리핀 여성 샐리 씨는 온몸에 큰 화상을 입었다. 일하다 사고를 당한 경우였으며, 순식간에 옮겨 붙은 불길을 피하지 못해 얼굴과 손, 팔 등에 심각한 상해를 입었다. 당시에 옆 공장으로 순식간에 불이 번지면서 잇닿아 있는 옆 공장들을 모두 태워버렸는데, 화재가 난 공장만 보험에 들어 있어 샐리 씨의 공장주는 졸지에 많은 빚을 지고 공장 문도 닫게 되었다. 이런 상황에서 샐리 씨는 치료비만 겨우 보상받았고, 화상을 입은 피부가 아직 완쾌되지 않아 일을 못 하고 있다.

1) 타카(태커tacker)를 이용해 'ㄷ'자 모양의 철심을 목재에 정확히 박는 일. 타카는 이음새가 필요한 재료를 떨어지지 않게 고정하거나 재단된 목재에 가죽, 천 등을 씌워 고정할 때 사용한다.

2) 기계로 자른 목재의 거칠고 우둘투둘한 면을 뻬빠(사포)로 문질러 매끄럽게 하는 일.

3) 중소기업중앙회, 「외국인근로자 취업 실태 조사」, 2013년 6월 분석자료.

4) 재료에 힘을 가해 원하는 모양이나 치수로 변형시키는 기계로, 단면수축, 굽힘, 전단 등의 가공을 한다.

5) '이주노동자에서 문제가 된 직업병' 중에서 "본드, 시너, 페인트 스프레이, 가구공장, 섬유, 염색, 가구 피혁"을 다루는 업종에서 오랫동안 일하는 경우에 "앉은뱅이병(말초신경병Peripheral neuropathy), 천식 Asthma, 독성간염Toxic hepatitis 등이 발생"할 수 있고, 같은 공장에서 같은 일을 한 사람들에게서 집단적으로 이런 증상이 나타나는 것으로 보고되었다. 김용규, 「국내 이주노동자 산업재해와 사망 현황」, 가톨릭대학교 예방의학교실 및 산업의학센터, 2009.

기러기아빠의
'오늘도 열심히'

네팔 출신 사티 씨 이야기

"나한테 한국은 돈 벌기 좋은 나라예요. 내가 조금 고생하더라도 먹고 살 수는 있어요. 이 나라에 계속 머물 생각은 없어요. 부모님과 가족, 친척들이 다 네팔에 있고, 내가 태어난 나라니까 돌아가야죠. 처음에 여기 왔을 땐 이렇게 오래 있을 거라고 생각 못 했어요. 여기 조금 있다가 돈 벌어서 가려고 했는데."

1991년 12월에 입국해 22년째 미등록 이주노동자로 살고 있는 네팔의 사티 씨는 한국에서의 시간들을 돌아보며 "여기서 결혼도 하고 아이들도 낳을 거라곤 생각도 못 했다"고 한다.

"처음엔 부모님이 빨리 돌아오라고 했어요. 그런데 우리나라에 전쟁*이 일어났잖아요. 8년 동안 우리나라에서 8천 명이 죽고 그러니까 집에서 좀더 있다 오라고 한 거에요."

네팔 히말라야 산맥 중부에 있는 안나푸르나와 마차푸차르 사이의 작은 마을 쩌우라에서 태어나고 자란 그는 히말라야 인근의 청년들처럼 생계를 위해 셰르파** 일을 한 적이 있다.

"그땐 안나푸르나까지 안 갔고, 영국 사람들이 주로 가는 소롱라 패스(Thorong-La Pass) 쪽으로 많이 갔어요. 거의 2만7천 피트까지 올라갔죠. 셰르파는 35킬로그램 정도의 짐을 모두 메고 가요. 요리하려면 가스레인지도 있어야 하고, 기름과 물통도 가져가야 해요. 셰르파가 짐을 모두 메고, 여행객들은 간단한 가방 하나만 메고 따라와요. 그렇게 산 위까지 올라가면 셰르파는 힘이 하나도 없어요. 산소가 부족하니까. 너무 힘들어서 사람들이 여기저기 쓰러져 자는데, 이때 셰르파가 자면 안 되니까 친구가 자면 내가 깨우고, 내가 자면 다른 친구가 날 깨워주고 그랬어요."

네팔의 안나푸르나를 찾아오는 여행객들은 대부분 셰르파의 고된 노동에 대해 관심이 없었다. 중간에 눈사태가 나서 셰르파가 다치거나 사고로 죽어도 보상은커녕 그냥 묻어주는 것으로 끝난다. 그런데 이렇게 죽도록 고생하고 받는 돈이 너무 적었다. 사티 씨는 "어차피 힘들게 돈을 벌어야 한다면, 차라리 외국으로 나가서 일하는 게" 낫다고 생각했다.

사티 씨의 아버지와 삼촌들, 형들, 이웃집 남자들은 모두 인도 군인이나 영국 군인, 스리랑카 경찰이 되어 외국에 나갔다. 그도 영국 군인이 돼서 나중에 연금도 받으며 살고 싶었지만, 키가 조금 작아서 불가능했다. 그래서 사우디아라비아를 택했다. 스물네다섯 살 때였다. 거기서 그가 한 일은 온실에서 토마토나 오이 등의 채소를 재배하는 일이었는데, 직사광선을 그대로 받기 때문에 너무 더웠다. 몸에서 땀이 줄줄 흘러내리는 걸 견디기가 힘들었다. 그는 히말라야 출신이라 "더운 건 아주 못 견디는 스타일"이었다. 그래서 2년의 노동 후 네팔로 귀국했다가 다시 사우디아라비아로 갈 엄두를 내지 못하고, 고민 끝에 한국을 선택했다.

한국에 오기 위해서 그는 네팔 브로커에게 10만 루피(당시 한국 돈으로 150만 원) 정도의 비용을 지불했다. 1991년 12월, 홍콩으로 가서 태국으로, 태국에서 대만, 대만에서 한국으로, 그렇게 열 시간 넘게 여러 번 비행기를 갈아타고 서울의 김포공항에 도착했다. 사티 씨를 포함해 열한 명의 네팔 남자들은 모두 15일 관광비자로 들어왔고, 15일 후면 네팔로 돌아갈 것을 증명하는 귀국행 비행기표를 같이 제시했다.

네팔에서부터 같이 온 네팔 브로커가 이들과 동행했다. 두 명은 인터뷰에서 입국을 거부당했고, 나머지 아홉 명은 브로커를 따라 청량리에 있는 한 호텔로 향했다. 김포공항에서 택시를 나눠 타기로 했는데, 택시기사가 중간에 차를 세우고 택시비를 달라고 요구했다.

"그 아저씨 영어 잘 모르고, 우리는 한국말 못 하는데, 고속도로 타고 가다가 중간에 아저씨가 돈 달라고 했어요. '코리아, 한국 미니!' 그랬어요."

사티 씨는 청량리에 도착하면 택시비를 주겠다고 했지만, 택시기사는 아무 데나 차를 세우고는 "내려!" 하면서 손으로 막 내리라고 하더니 택시비로 100달러를 챙겨갔다. 나중에 알고 보니 "미터기 꺾고 1만8천 원"이면 오는 곳이었다. 이렇게 그의 한국 생활이 시작되었다.

호텔까지 동행한 네팔 브로커는 한국 브로커에게 사티 씨 일행을 소개했다. 한국 브로커는 바로 일자리를 알아봐주기로 약속하고 경기도 오산에 있는 여관으로 아홉 명을 데려갔다. 그런데 일자리가 쉽게 연결되지 않았다. 하루 이틀이 지나고, 닷새가 지났다. 아침에 잠깐 찾아오는 브로커는 날마다 "기다리라"는 말만 하고 돌아갔다. 네팔 사람들은 브로커에게 화를 냈다. 비싼 돈을 내고 왔는데 일자리를 찾아주지 않으면 이대로 계속 기다릴 수만은 없었다. 그래서 "내일도 브로커가 일을 소개 안 해주면 그놈을 패서라도 돈을 모두 돌려받자"며 의기투합했다. 그런데 브로커가 이를 눈치챘는지 다음날부터는 아예 나타나지 않았다.

브로커가 도망가버리자, 사티 씨 일행은 결국 짐을 싸들고 무작정 여관 밖으로 나갔다. 하필 그날은 눈이 오고 바람이 불고 추운 날씨였다. 사티 씨 일행은 경찰을 만나면 "김포공항까지 좀 데려다달라"고 부탁할 심산이었다. 네팔로 돌아가는 비행기표를 가지고 있었기 때문이다. 하지만 마주친 경찰도 슬금슬금 피하자, 이들은 거리를 떠돌아다녔다. 그런데 우연히 뒤에서 한 여자가 쫓아와 말을 걸었다. 한국에서 듣는 반가운 네팔 말이었다. "네팔 분이세요?" 이 여자는 한국 사람과 결혼해서 한국에 온 지 6개월 되었다고 했다. 사티 씨는 그에게 '누나'라고 부르며 공항까지 가는 돈을 빌려달라고 부탁했다. "우리가 지금 너무 열받아서 빨리 돌아가 네팔 브로커라도 잡아야" 한다고 설명하고, "네팔 주소를 알려주면 돌아가는 대로 그 비용을 갚겠다"고 했다. 그런데 사정 얘기를 들은 그 여자는 "여기까지 힘들게 왔는데, 이렇게 돌아가면 되겠냐"며 일자리를 알아봐주겠다고 했다.

그 덕에 사티 씨 일행은 경기도 안산에 있는 공장에서 일하게 됐다. 사티 씨는 안산의 ○○산업이라는 공장에 갔다. 이 공장에서 그는 용접도 하고, 자동차 머플러, 봉고차 케이스, 커버 등을 만들었다. 그는 네팔에 있을 때 큰형이 "앞으로 필요할지 모르니 배워두라"고 했던 용접기술을 써먹을 수 있었다. 그런데 공장에서 용접하다가 오른쪽 눈 아래로 불꽃이 튀어서 하마터면 시력을 잃을 뻔했다. 아찔한 순간이었지만, 다행히 크게 안 다치고 눈 밑에 약간 패인 자국만 남았다. 안산의 공장에서 사티 씨는 노동 자체보다는 마음에 안 드는 동료와 감정적으로 불편한 것을 참는 게 가장 힘들었다.

당시엔 이주노동자들을 고용하려는 한국인 업주들이 많았다. 공중전화 부스 앞에 줄을 서 있는 외국인들만 보면 "어느 나라 사람이야?" "나랑 일할래?" 하고 물었다. 그렇게 서로 얘기가 되면 바로 데려갔다. 사티 씨도 동네 슈퍼 앞에 공중전화를 이용하러 갔다가 의정부 돼지농장에서 온 사장을 우연히 만났다. 사티 씨는 안산 공장에서 월급 35만 원을 받았는데, 돼지농장 사장은 45만 원을 제시했다. 일하는 걸 지켜봐서 잘하면 돈을 더 줄 수도 있다고 했다. 사티 씨는 돼지농장 사장을 따라가기로 했다.

돼지농장에선 3년을 일했다. 아침 일찍 일어나 일하는 것은 기본이고, 저녁엔 돼지 사료 만들고, 밤에도 자다가 일어나 돼지막을 둘러보았다. 새끼들이 태어난 시기엔 갓 태어난 새끼가 어미한테 깔려 죽으면 안 되기에 밤에도 신경이 쓰였다. 1년이 지나자 사장은 월급을 두 배로 올려주었다. 안산 공단에 있는 다른 친구들이 50~60만 원 정도 받을 때 그는 돼지농장에서 90만 원을 받았다. 1년 중 특히 일이 몰리는 석 달

동안에는 하루에 두세 시간만 자고 일한 적도 있었다. 사티 씨는 젊고 건강한 몸이어서 견딜 만했지만, 다른 사람들은 모두 중간에 그만두었다. 나중에 보니 모두 떠나고 사티 씨 혼자만 남아 세 명분의 일을 해냈다. 그러자 3년째 될 즈음에 사장은 월급을 120만 원으로 올려주었다. 힘겨운 노동으로 얻은 결과였다. 돼지농장에서 번 돈으로 그는 1995년에 포카라 시내에 땅을 사고 집도 지었다.

포카라의 집을 다 지으면 그는 네팔로 돌아갈 계획이었다. 그런데 1995년에 한 여자를 만나면서 계획이 변경되었다. 그와 사랑에 빠지고, 1년 뒤에 결혼하면서 한국에 더 머물게 되었다. 게다가 1996년부터 네팔의 국내 정치상황이 복잡해지자, 부모님은 "좀더 있다 오라"는 당부까지 했다.

사티 씨와 결혼한 여자는 1995년에 산업연수생제도로 입국해 대구에서 일했는데, 사티 씨는 그의 남동생과 알고 지내던 터였다. 남동생을 따라 여름휴가 때 대구에 놀러 간 사티 씨는 그 여자에게 첫눈에 반했다. 그 여자 역시 그를 싫어하지 않는 눈치였다. 두 사람은 그 후 공중전화로 날마다 연락하다시피 했고, 주말이나 휴일에 시간이 되면 만나서 데이트를 했다. 당시엔 휴대전화가 없었기 때문에 매일 통화하려면 서로 노력이 필요했는데, 사티 씨는 아예 자기 방에 전화를 들여놓았다. 돼지농장 사장에게 전화 보증금을 주면서 전화 설치를 부탁한 것이다. 또 사장에게 5만 원을 주고 모두 100원짜리로 바꿔달라는 부탁도 했다. 그는 100원짜리 동전 500개를 대구에 있는 여자친구에게 갖다주면서 자신에게 전화를 걸 때마다 쓰라고 했다. 이렇게 시작된 두 사람의 연애는 1996년의 결혼으로 이어졌다.

결혼식은 친구의 공장에서 조촐하게 치렀다. 사티 씨는 결혼의 증거로 아내의 손가락에 끼워줄 금반지를 준비했다. 한국에서 일하는 사티 씨의 동네 사람들, 그리고 아내의 가족 몇 명이 모여 두 사람의 결혼을 축하해주고 증인이 되었다. 두 사람은 서로 의지하며 타국 생활을 버텼다. 사티 씨는 그때 아내를 만나지 못했다면 1997년 IMF 때 네팔로 돌아갔을 거라고 한다.

사티 씨의 아내는 산업연수생 비지기 있었지만, 내구의 직장을 그만두고 서울로 오면서 미등록 이주노동자가 되었다. 네팔에 있을 때부터 미싱을 다룰 줄 알았기에 동대문에서 미싱사 자리를 구했다. 사티 씨도 아내와 한집에 살기 위해 돼지농장을 그만두었다. 그는 동대문에서 가까운 일자리를 알아보다가, 조금 멀긴 해도 마석가구공단에서 일하기로 했다.

부부는 창신동에서 신혼생활을 시작했다. 두 사람은 한두 해 돈을 더 벌어서 고향으로 돌아갈 계획이었고, 아이는 네팔에 돌아가서 낳을 생각이었다. 그래서 카트만두에 집도 샀는데, 한국에 몇 년 더 있다 보니 2002년에 딸이 태어나고, 2005년엔 아들도 태어났다.

한국에서 부부가 미등록 이주노동자로 살면서 아이 둘을 키우는 건 쉽지 않았다. 아기가 배 속에서 많이 커버려 자연분만이 어렵다는 진단을 받고 수술했는데, 일주일 후 퇴원할 때 200만 원이 들었다. 이들의 출산비용은 의료보험이 전혀 적용되지 않았다. 또 아내의 산후조리와 아기한테 필요한 비용 등 이래저래 또 300만 원이 들었다.

미싱사로 일하며 한 달에 110만 원가량을 벌던 사티 씨의 아내는 아이가 어느 정도 클 때까지 일을 할 수 없었다. 아이를 맡길 곳도 없었고, 맡긴다 해도 그 비용이 너무 부담스러워 아이가 유치원에 갈 때까지는 엄마가 키우기로 했다. 그렇게 아내의 수입이 끊어졌는데도 집세와 아기 분윳값, 기저귓값 등 모든 게 돈이었다. 사티 씨가 동대문에서 마석까지 매일 출퇴근하는 교통비도 꽤 들었다. 큰아이가 유치원에 다닐 즈음엔 둘째가 태어나 또다시 육아에 대한 부담이 더 커졌다. 아이들이 커갈수록 앞으로 교육 문제도 커질 테니, 사티 씨 부부는 가족을 위한 최선의 방법을 찾으려고 여러 달 계속 고민을 했다. 결국 사티 씨는 한국에 남고 아내와 아이들은 네팔로 돌아가는 것으로 결론을 내렸다. 아이들 양육과 교육을 위해 어쩔 수 없었다. 2005년, 큰아이가 다섯 살, 둘째아이가 한 살 때였다.

인천공항에서 아내와 아이들이 네팔로 돌아갈 때 사티 씨는 가족의 짐을 챙겨 배웅에 나섰다. 아무것도 모르는 딸아이는 가방을 메고 앞에 걸어가고, 아내는 갓난아기인 아들을 가슴에 안았다. 사티 씨는 짐을 끌며 무거운 발걸음으로 뒤따라 걸었다. 출국장 입구에서 딸아이가 불안한 눈치를 느꼈는지 사티 씨의 바짓가랑이를 붙잡았다. 그런 딸아이를 보며 아내가 울었고, 사티 씨도 가슴이 미어졌다. 하지만 그는 딸에게 "같이 못 간다"는 말을 하지 못했다. 그랬다간 딸이 울고불고 하면서 네팔행 비행기를 놓칠 것 같았다. 어찌어찌 어르고 달래서 출국장으로 들여보냈는데, 그제야 아빠와 헤어진다는 사실을 알고 딸아이가 "아빠"를 부르며 울어댔다.

가족이 네팔로 돌아가고, 사티 씨는 혼자 남은 시간을 견디기 힘들었다. 방에 혼자 앉아 있으면 아내 생각이 났고, 아이들이 눈앞에 어른거렸다. 1년 정도 그렇게 힘든 시간을 보냈다. 아이들이 너무 보고 싶지만, 돈을 더 벌어야 하기에 돌아갈 수 없었다. 아내는 '불법체류' 기록이 남아 있어 재입국이 허용되지 않았다.

사티 씨는 지금까지 같은 공장에서 18년 동안 일했다. 그의 표현에 의하면 자기는 "한번 선택하면 그쪽으로 가는 스타일"이란다. 그래서 월급만 제때 "따바따바" 나와주는 곳이면 이 공장 저 공장으로 옮겨 다니기보다 한군데에서 성실하게 일하며 자신의 가치를 인정받는 쪽을 택한다. 어쩌면 이것이 한국에서의 미등록 이주노동자로 20년 이상 살면서 그가 생존할 수 있었던 비결인지도 모른다.

마석가구공단에 와서 그가 주로 하는 일이 도장인데, 무거운 철을 들어야 하고 열처리도 해야 하고, 일이 많을 때는 모두 퇴근한 후에 뒷정리도 해야 한다. 3년 전부터 사티 씨는 양 무릎이 자주 욱신거리고 아파서 병원에 다니며 MRI도 찍어보고 진단도 받아보았다. 그런데 의사들이 하는 이야기는 정확하지 않았다. 의사들은 "연골이 찢어졌다" 또는 "인대가 늘어났다"고 하는데, 사티 씨가 생각할 때는 공장에서 주로 많이 사용하는 산(酸)에 오랫동안 노출된 것이 원인 같았다. 사티 씨의 공장에선 제품에 따라 액체 도료와 분체 도료를 모두 사용한다. 액체는 건을 이용해 칠하고 분체는 스프레이로 분사해 제품에 칠을 한다. 작업 과정에서 페인트나 얼룩을 녹여서 벗겨내야 할 때는 '리무버'라고도 하는 양산을 주로 사용한다. 그는 이 모든 것이 서서히 자신의 몸에 영향을 주었을 것으로 판단하고 있다.

사티 씨는 무릎 말고도 몇 년 전부터는 어깨도 갑자기 아프더니 오른쪽 팔의 알통이 밑으로 밀려 내려가선 본래 자리로 올라오지 않았다. 왼팔에 비해 오른팔의 알통은 커다랗게 불뚝 튀어나와 있고, 그 위치가 기형적으로 반 뼘쯤 아래로 내려가 있다. 본래 알통이 있던 쪽은 알통이 밀려내려간 뒤에 움푹 꺼진 자국이 남아 있다. 의사들도 왜 그렇게 됐는지 해명해주지 못했다. 자기 몸은 자기가 가장 잘 안다는 듯, 사티 씨는 18년 동안 도장공장에서 일한 결과라고 판단했다. 오른쪽 어깨와 팔 근육을 이용해 도료를 칠한 세월이 20년 가까이 되면서 몸에 이상이 온 거였다. 그는 "한국에 와서 칠 뿌려서 이렇게 된 사람은 처음"일 거라고 말한다. 사티 씨의 몸 구석구석에는 한국에 와서 일한 흔적들이 삶의 기록처럼 남았다.

자기관리에 철저한 사티 씨는 마석에 와서도 아침 일찍 산에 올라가 운동하는 습관을 계속 유지하고 있다. 네팔의 산악지대에서 자랐기 때문에 한국의 산행은 그에게 그리 어려운 게 아니다. 산에서 약초꾼들

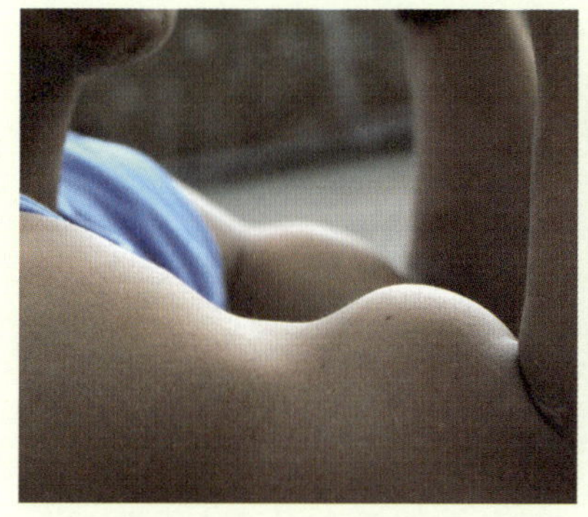

을 만나 '산삼'이 어떻게 생겼는지 알고 난 뒤부터 2012년에 산삼 한 뿌리를 발견해 약으로 먹었고, 2013년 들어 최근에 또 한 뿌리를 발견해 먹었다. 아침마다 채소 생즙을 배달시켜 마시기도 한다.

한국에 이주노동을 온 네팔의 젊은 남성 노동자들은 사티 씨에 대한 얘기를 듣고 간간이 그를 찾아오는데, 그가 후배들에게 해주는 조언은 한국에서 오랫동안 생활하며 얻은 정보들, 생존을 위한 원칙과 지혜, 자잘한 에피소드 등이다. 그는 마음의 중심을 못 잡고 방황하는 주변의 미등록 이주노동자들을 보면 "돈 벌러 와서 고생하는데, 열심히 살아야지"라고 다독인다.

사티 씨는 야근, 철야를 포함해 월급을 250만 원 정도 받는다. 이중에서 용돈 50~70만 원(그달에 참여하는 행사와 후원금이 많고 적음에 따라 용돈이 정해진다)을 남기고 나머지를 아내에게 모두 보낸다. 아내는 월급을 받아 아이들에게 필요한 의료보험, 교육비 등으로 사용하고 남는 돈을 저축한다. 요즘 말로 사티 씨는 '기러기아빠'인 셈이다.

아내와의 사랑이 각별한 사티 씨는 아내가 자신을 위해 만들어준

가방을 아직도 보관하고 있다. 동대문에서 미싱사로 일할 때 그의 아내가 남편에게 선물할 가방을 직접 만들어주면서 가방 안쪽에 아무도 모르게 조그만 주머니를 달아놓고는 거기에 돈을 보관하라고 했다. 그 주머니는 사티 씨와 아내만 아는 비밀이다. 10년 넘게 사용한 그 가방은 이제 너무 오래되어 다 떨어졌는데, 그는 이 가방을 버리지 않았다. 가족 생각이 날 때마다 꺼내 보기 위해서였다. 이 가방에는 창신동 집에서 마석까지 출퇴근하던 지난날의 시간이 그대로 스며들어 있고, 일이 많아 일요일에 출근했을 때 아내가 공장에 같이 와서 일을 도와주던 추억도 함께 담겨 있다.

사티 씨는 아내와 거의 매일 통화하는 편이고, 아이들 애기와 집안 애기, 주변 애기 등을 모두 털어놓는다. 아내와는 여전히 사이가 좋고 별문제가 없지만, 둘째아이가 신경 쓰인다고 한다. 다섯 살 때까지 같이 지낸 큰아이는 '아빠'를 기억하지만, 둘째아이는 갓난아기 때 헤어졌기 때문이다. 사티 씨는 벌써 아홉 살이 된 둘째아이가 더 커버리기 전에 어떻게든 한국 생활을 정리하고 빨리 돌아가야겠다는 생각을 한다. 새해가 되면 '올해는 꼭 가야지' 하고 마음먹는데, 봄이 지날 즈음엔 이런저런 핑계가 생기면서 생각이 바뀐다. '여름휴가는 챙겨야지' '추석은 지나고' 하는 생각이 든다. 지금 일하는 곳의 사장도 "조금만 더 있지" 하며 붙잡는다. 그의 귀국 일정은 또다시 내년으로 넘어간다.

*1996년 네팔의 서부 산악지대를 근거로 마오주의 공산당이 시작한 무장투쟁으로, 인민전쟁이라고 한다.
**히말라야 등산에 없어서는 안 될 등산안내자로 '도우미'역할을 하는 현지인. 주로 길 안내와 짐 운반 등을 돕는다. 티베트어로 '동쪽 사람'이라는 뜻.

4장

공단 일상다반사

공단 내에서 각국의 물건들을 파는 가게가 있어 고향의 음식재료를 구하기가 어렵지는 않다.

텃밭에 자기 나라에서 늘 먹던 채소를 키우며 주변을 고향처럼 만들어간다.

출입구를 열면 복도를 사이에 두고 5평 내외의 원룸들이 양쪽으로 죽 이어져 있다.

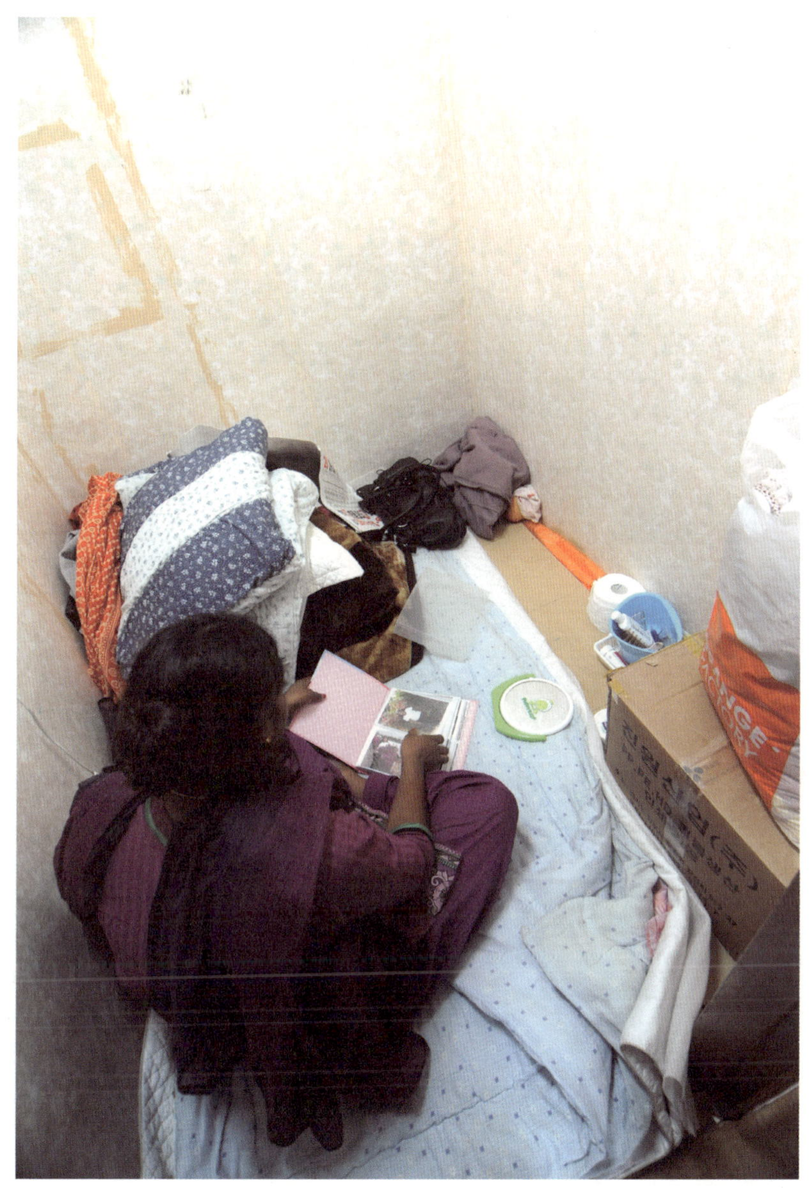

주거비용을 절약하기 위해 불편하고 비좁더라도 친척이나 지인의 집에 얹혀살기도 한다.

전화결혼식이 열리는 동안 신랑은 마석에서 하객을 맞고 신부는 방글라데시의 집에서 신랑의 가족들과
잔치를 벌인다.

필리핀 요리가 가득 차려진 생일파티에는 노래방까지 등장했다.

방글라데시 사람들의 잔치가 벌어지면 힘이 많이 들어가는 음식은 남자들이 맡는다.

봉사활동이 끝나고 평소 알고 지낸 한국인들을 초대해서 음식을 대접한 날이다.

이곳에 사는 네팔 남성 이주노동자는 작은 방을 아기자기하게 꾸며놓았다.

부모가 추방을 당하면 아이들은 한 번도 가본 적 없는 부모의 나라로 갑자기 떠나야 한다.

일터를 벗어나면

가구공장에서 일하는 네팔인 람 씨는 저녁 6시 30분, 일을 마치면 온몸에 미세먼지를 뒤집어쓰고 퇴근한다. 머리도 허옇고 얼굴도 허옇고 눈은 충혈된 상태여서 집에 가면 우선 몸부터 깨끗이 씻어야 한다. 야근이 있는 날은 9시쯤 퇴근하는데, 일주일에 2, 3일 야근을 하므로 야근이 없는 날만 집에서 저녁을 먹는다. 주중에 집에서 저녁식사를 할 때는 주말에 먹다 남은 것을 데워 먹거나 대충 때우게 되니, 주말에 친구들과 약속이 있으면 몰아서 영양 섭취를 하는 편이다. 혼자 생활하는 람 씨와 달리, 친구나 가족과 함께 생활하는 방글라데시 사람들은 주말에 일주일분의 음식을 미리 해놓고 주중에 먹는단다.

고향의 음식재료를 구하기가 어렵지는 않다. 옛 새마을금고 자리의 2층에 필리핀 가게가 있고, 마석역 인근에는 방글라데시 물품을 파는 가게가 있다. 마석의 방글라데시 가게는 물건(잎담배, 냉동 생선, 망고, 석류 등)을 미리 주문하면 공단 안으로 식료품 배달차량이 와서 배달해준다. 방글라데시 사람들이 마석에 자리를 잡기 시작한 1990년대 후반 이후, 공단 내 마트에선 커리도 구비하고, 방글라데시 생선인 '일리쉬마쉬' '꼬이마쉬' 등을 냉동제품으로 가져다놓고 팔았다.

이렇게 찾아먹는 음식이 있는가 하면, 반드시 꼭 골라내고 안 먹는 음식도 있다. 이슬람 종교문화가 생활 깊숙이 자리잡은 방글라데시 사람들은 돼지고기를 먹지 않는다. 이런 사실을 잘 아는 공단 내의 식당들은 방글라데시 사람들이 먹는 음식에 돼지고기를 넣지 않고 요리를 해준다. 공장에서 야근하며 중국집에 짜장면을 시킬 때도 방글라데시 사람들은 "돼지고기 빼주세요"라고 주문한다. 엄마가 일하는 동안 보육실에서 생활하던 식탐 많은 방글라데시 아이 파루키도 점심때 먹음직스러운 반찬이 나오면 먹기 전에 반드시 "돼지고기 들었어요?" 하고 여러 번 확인할 정도다.

람 씨는 퇴근 후 저녁식사를 마치면 위성TV로 네팔 방송을 보는데, 한국의 뉴스나 드라마도 본다. 한국어 공부에 도움이 돼서이기도 하지만 한국 드라마는 무엇보다 재미있어서 본다. 방글라데시, 네팔 사람은 주로 자국 방송을 보는 편이고, 필리핀 사람들은 뉴스와 인터넷 중계방송(권투 등)을 보는 편이다. 그렇게 긴장을 풀고 나면 고향의 가족 생각이 나서, 전화(스마트폰이나 1만 원짜리 국제전화 카드로) 또는 인터넷 화상통화로 가족과 대화를 한다.

2000년대 초반만 해도 저녁 무렵이면 공단 내의 길거리에 옹기종기 모여 앉아 이야기를 하거나, 친구집에 모여 음식을 해먹는 이주노동자들의 모습이 흔했다. 공단 내의 슈퍼나 마트를 중심으로 간단히 소주나 맥주를 한잔씩 마시며 지인들과 일상의 스트레스를 풀기도 했다. 지금은 허술한 모습이지만 공단 내의 주택가에 있는 B슈퍼도 예전에는 마치 서울 홍대앞 놀이터처럼 밤마다 사람들이 어울려 노래를 부르거나 버려진 페인트통을 주워다 악기로 두들기며 노는 모습이 있었다고 한다. 그러니 2003년 이후에는 야간에도 느닷없이 단속반이 등장하는 바람에 길거리에 나와서 어울리는 일이 줄어들었다. 단속이 바꿔놓은 저녁 풍경이다.

현재 가구공단 내에는 술집이나 노래방 등의 유흥시설이 전혀 없다. 그러나 1990년대 초중반 무렵부터 이주노동자들이 계속 많아지면서 방글라데시 식당과 필리핀 식당이 따로 있었고, '아프리칸'이라는 맥줏집을 비롯해서 이주노동자를 상대로 하는 유흥업소가 몇 군데 있었다. 그러나 2003년 이후 풍속사범 단속이 강화되면서 공단 내의 유흥업소는 모두 사라졌다.

방글라데시의 젊은 이주노동자들은 가구공단 내에서 이슬람 종교문화를 지키며 살아가는 기성세대와 다르게 주말이면 구리시로 나가서 친구들과 어울려 영화를 보거나 술을 한잔씩 즐기며 나이트클럽을 찾기도 한다. 한창 피가 끓는 젊은이들이 고강도의 노동을 하며 라마단 기간에 엄숙하게 금식을 지키기는 사실 힘들다. 그래서 "일하다보면 힘이 들고 배가 너무 고파서 남들 밥 먹는 시간에 밥을 먹"는 본능이 작용한다고 귀띔하는 젊은이도 있었다.

람 씨는 주말이면 가끔씩 고향 친구나 선후배를 만나기 위해서 멀리 안산, 수원, 의정부 등으로 택시를 타고 나갈 때가 있다. 고향에 있는 아내와 딸에게 보낼 선물을 사러 서울의 용산이나 남대문시장, 동대문시장에 나가기도 한다. 네팔 사람들은 겉모습만 보면 한국인과 많이 다르지 않기 때문에 택시 기사들이 처음부터 불친절한 적은 별로 없다고 얘기한다. 게다가 람 씨는 한국말을 잘하는 편이어서 오래전부터 알고 지낸 마석의 콜택시 기사에게 연락하면 친절하게 잘 대해준다. 하지만 한국말에 자신 없는 이주노동자들은 주말이라도 마석에 머문다. 어느 정도 한국말을 할 줄 알아야 불편한 일을 당하더라도 자신의 의사를 분명히 표현할 수 있기 때문이다.

반면 피부색이 검은 편이고 이목구비가 뚜렷한 방글라데시 사람들은 택시를 타고 먼 거리를 나가거나 버스를 탔을 때 한국인 기사들에게 불친절한 대접을 받은 경험이 있다. 방글라데시의 하니프 씨는 택시를 탔다가 기사가 반말을 하는 걸 보고 감정이 상한 적이 많았다. 한번은 택시를 타면서 "아저씨, 지금 빨리 좀 가야 하는데, 뒷길로 갈 수 있죠?"라고 물었다. 그런데 기사가 "빨리 타기나 해, 뭐 말이 많아"라고 언성을 높였다. 하니프 씨는 그 말에 화가 났지만, 싸워봤자 자신에게만 불리하다는 생각이 들었다. 그래서 택시 문을 닫고 출발하려다 기사에게 물었다. "아저씨, 내릴까요?" 했더니 기사가 그를 달래기는커녕 곧바로 "내려"라고 말해 더욱 기분이 나빴다. 그는 공단 근처에서 택시를 탈 때마다 그 생각이 나서 불쾌할 때가 있다고 한다.

이주노동자들의 휴가는 한국인들이 휴가를 떠나는 기간에 이뤄진다. 7월 말, 8월 초의 주말을 낀 며칠 동안 공단 전체가 쉬기 때문인데 보통 2박3일 또는 3박4일 정도다. 대부분 휴가비가 없지만, 명절연휴 때 '떡값' 정도를 주는 사업장은 있다. 휴가기간에 이주노동자들은 공단 뒤쪽에 있는 계곡이나 마석 주변의 계곡으로 놀러 가기도 하고, 친구를 만나러 지방으로 가거나 친구를 마석으로 초대하기도 한다.

2008년 대대적인 단속이 있기 전에는 나라별 커뮤니티에서 여행을 계획해 제주도, 강릉, 부산 등에도 가고, 공단 전체에서 여행을 계획해 제주도, 설악산, 경주, 통일전망대 등을 간 적도 있다. 그러나 요즈음엔 단체로 움직이기보다 소규모로 가까운 지역(가평 등)을 다녀오는 편이다. 젊은 층과 아이가 있는 가정은 용인 에버랜드를 선호한다. 특히 필리핀과 방글라데시 등 더운 나라에서 온 사람들은 겨울이면 눈을 구경하러 인근의 천마산 스키장에 가는 것을 좋아한다.

그래도 견딜 만한 '닭장집'

2012년 가을, 새동네 아래 있는 토끼빌라 공터에서 네팔 사람들이 추석 파티를 하고 있어 찾아갔다. 마침 빨래를 널러 나온 방글라데시 출신 티샤 씨(31세, 여)를 우연히 그곳에서 만났다. 우리 일행은 그동안의 안부를 나누던 중, 화장실도 이용할 겸 양해를 구하고 그의 집에 들어갔다. 그러곤 잠시 눌러앉아 이야기를 나누며 "방을 구경할 수 있는지" 물어보았다. 잠시 망설이던 끝에 티샤 씨는 자신의 방을 공개했다.

티샤 씨의 조그마한 생활공간은 가로 약 1.2미터, 세로 1미터가 될까 말까 했다. 그 작은 공간에서 그는 옷가지 몇 벌을 벽에 걸어두고 지내고 있었다. 다른 짐은 일절 없었다. 함께 생활하는 시동생들은 작긴 해도 방다운 방을 사용했는데, 티샤 씨의 방은 작은 창고 같았다.

돈을 벌어 고향의 남편과 딸에게 보내는 티샤 씨는 가족에게 자신의 불편한 생활을 절대 말하지 않는 눈치였다. 그는 공단에서 일하다 월급이 여러 달 밀려서 곧 다른 일자리를 알아본다고 말했다. 고향의 가족들은 티샤 씨가 발을 편히 뻗지도 못한 채 새우잠이 들고, 여성으로서 자신을 꾸밀 공간도 전혀 없이 생활하고 있다는 것을 알고 있을까.

가구공단에 처음 온 사람은 티샤 씨처럼 주거비용을 절약하기 위해서 친구나 친척 등 지인의 집에 당분간 얹혀산다. 집을 구할 때도 주로 지인의 소개에 의존하는데, 아예 지인의 집 근처에 방을 얻는 경우도 많다. 필요에 따라 동성 친구들 두세 명이 한방에 함께 살기도 하는데, 불편하고 비좁지만 생활비가 절약되기 때문에 얼마간은 서로 참으며 지낸다. 보통 방글라데시 사람들이 이렇게 어울려 생활하는 데 익숙하고, 개인생활을 중요시하는 필리핀 사람들은 독립적으로 살 수 있는 집을 구한다.

공단 내의 집들은 대부분 임대주가 공장 위에 패널 식 가건물을 지어 공장과 별도로 임대하는 공간들이거나 낡은 일반주택의 '닭장집'이다. 패널 식 집도 닭장집도 출입구를 열고 들어가면 복도를 사이에 두고 5평 내외의 원룸들이 양쪽으로 죽 이어져 있는 형태는 같다. 이런 방들은 방범시설(방범창 유무 등)과 내부공간의 편이성(화장실의 샤워기 유무 등) 정도에 따라 한 달에 13~15만 원의 월세를 받는다. 경기가 좋았을 때는 보증금 500~1000만 원에 월세 12~15만 원을 받았으나, 최근에는 보증금 없이 월세만 받는 경우도 많다.

이런 원룸에는 작은 싱크대와 수도시설이 있고, 화장실도 갖춰져 있다. 그러나 화장실에 세탁기가 들어가면 변기를 사용할 때 비좁고 불편할 정도의 작은 크기이다. 화장실에 샤워시설이 없는 곳도 있다. 수도꼭지 하나로 큰 통에 물을 받아 사용하는 옛날 방식을 그대로 둔 집이다. 더 열악한 곳은 화장실이 바깥에 있어 공동으로 사용한다. 이런 곳은 낡은 만큼 집세도 더 싸다.

외지인들이 보기엔 그저 누추하기만 한 집들이지만, 그래도 고향 사람들을 통해 직장과 집을 구하고 고향 사람들 가까운 곳에 모여 사는 이주노동자들에겐 공단 내의 골목골목이 사기 마을처럼 느껴질 수밖에 없다. 어려움이 생기면 도움을 주고받으면서, 또 외지의 고향 사람이 갈 곳이 없으면 기꺼이 마석의 자기 집에 며칠간 묵을 수 있게 해주면서 마석의 공간은 자연스럽게 사회적 안전망으로 작용한다.

고향 사람들이 모여 살다보니 좀더 적극적으로 이곳을 자신들의 영토처럼 만들어가는 것도 다른 지역과 차이점이다. 넛밭에 자기 나라에

서 늘 먹던 채소를 가꾸거나, 공장의 빈터인 옥상에 닭을 키우다 축제
나 잔치 때 잡기도 한다. 흰 비둘기를 여러 마리 키우면서 가끔 있는 결
혼식에 등장시키는 사람도 있다.

그래서인지 방글라데시 사람들의 경우, 샬롬의집에서 실시한 '주거
환경에 관한 설문조사' 결과에서 만족도가 높게 나온 것으로 알려졌다.
대가족 체제에 살던 이들은 마석가구공단의 주거환경이 조금 열악하긴
해도 본국에서 생활할 때에 비해 개별공간이 주어진다는 점, 전기를 언
제나 사용할 수 있다는 점, 인터넷과 무선통신 등을 편하게 쓸 수 있다
는 점을 만족스러워했다. 먼지가 많고 사람이 너무 많아서 복잡한 방글
라데시의 수도 다카와 비교해도 마석은 차라리 살기 편하다고 생각한
다. 공장과 가까이 있는 집에서는 화학약품 냄새가 나고 겨울에 긴요한
난방시설이 허술한 점은 불편하지만 말이다. 한마디로 이들에게 마석
가구공단은 주거공간으로서 썩 흡족하진 않지만 그래도 견딜 만한 곳
이다.

공단 위쪽 언덕의 '새동네'는 비교적 쾌적하다. 이를테면 마석가구
공단 내의 신도시인 셈이다. 여기엔 반지하를 포함한 다세대주택들이
있는데, 이곳은 이주노동자들이 생활하기에 좀더 안정적이고 깨끗하다.
새동네에 있는 주택들은 현관을 들어서면 거실과 부엌이 있고, 방 두세
개와 화장실이 갖추어져 주로 가족 단위로 생활하는 사람들이 세 들어
산다. 특히 아이를 둔 가정들이 새동네로 옮겨오는데, 아이들의 건강을
생각해서다. 공장 근처에서 지속적으로 생활하면 면역력이 약한 아이
들은 호흡기질환과 피부질환 등에 걸릴 위험이 있기에, 비용을 더 지불
하더라도 공장부지에서 약간 벗어난 주택가를 선택하는 것이다. 얼마

전에 공단 내의 '닭장집'에서 새동네로 이사한 필리핀의 에이미 씨(52세, 여)는 "이젠 사람 사는 집 같다"고 기분 좋게 자랑한다. 이들에게 새 동네에 사는 것은 사람답게, 집다운 집에서 산다는 뜻이다.

예전과 달라진 씀씀이

방글라데시의 이끄발 씨는 "친구들과 공동으로 생활하면 주거비와 식비, 공과금 등을 절약할 수 있다"고 말해주었다. 그는 집세와 공과금 등을 합해 월평균 40~50만 원 정도의 생활비를 썼다. 물론 고향집에 전화를 많이 하거나 친구들과 외식을 자주 하는 달은 50만 원 이상이 든다. 그러나 그 정도의 생활비도 봄, 여름, 가을 평균이고, 겨울이 되면 달라진다. 공단 전체에 도시가스가 들어오지 않아 대부분 기름과 전기로 난방을 하는데(공단 외곽에선 도시가스 신청을 해서 연결된 건물과 집도 일부 있긴 하다), 건물들이 오래되고 낡아서 외풍이 아주 심하다. 그래서 충분히 따뜻하지도 않으면서 난방비가 무섭게 늘어난다. 겨울에 기름보일러를 돌리면 방 하나당 최소 15~20만 원의 비용이 추가된다. 방이 세 개라면, 한 달에 50~60만 원의 난방비가 드는 셈이다.

월급에서 이 정도의 생활비를 제하고 나면 나머지는 대부분 저축과 송금으로 쓰인다. 은행 서비스가 발달하기 전, 이주노동자들이 가장 안전하게 돈을 모으는 방법은 현금을 집에 보관하는 것이었다. 그런데 이런 사실을 알게 된 좀도둑들이 문을 따고 들어가 돈을 몽땅 훔쳐가는 사건이 자주 발생했고, 2008년경에는 기숙사 화재가 발생했을 때 집에 들어가 현금을 가지고 나오려다 화상을 입은 사람도 있었다. 그 후 외환은행에서는 여권만 있으면 통장 개설이 가능해졌다. 그러나 여권의 유효기간이 남아 있어야 하고, 위조여권을 가지고 있거나 특별한 사유가 있는 경우엔 본인 통장을 만들기 어려워서 평소에 알고 지내던 한국인의 명의로 통장을 만들어 사용하기도 한다.

방글라데시의 리폰 씨(26세, 남)는 가구공장에서 4년 동안 일하며 자신의 여권으로 통장을 개설하기 어려워 불편을 겪다가, 같이 일하는 한국인 친구에게 부탁해서 한국인 이름으로 현금카드를 발급받아 사용했다. 그러던 중 그 한국인 친구가 공장을 그만두었는데, 하루는 리폰 씨가 현금을 인출하려고 농협에 갔더니 그 현금카드는 사용할 수 없는 상태였다. 한국인 친구가 리폰 씨의 통장에 있는 400여만 원을 이미 인출해간 후였다. 그 한국인은 연락처도 바뀌어서 리폰 씨는 돈을 돌려받을 방법이 없는 상황이다.

최근에는 송금도 바로바로 은행에 입금해서 하는 방식을 선호한다. 이주노동을 장려하는 국가에서는 외환이 큰 수입원이라 불법적인 송금을 차단하는 추세다. 외환은행에서 외국인 대상으로 만든 카드로 ATM에서 바로 송금이 가능해 자기 계좌에 돈을 넣어두기만 하면 된다. 외국인 150만 시대에 은행 입장에선 송금수수료가 발생하기 때문에 이런 서비스가 가능해졌다.

송금의 방식만큼 돈을 대하는 태도도 달라지고 있다. 1990년대, 이주 초기에만 해도 본국과 한국의 환율 차이가 컸기 때문에 본국에서 쉽게 땅을 구입하고 집을 짓는 일이 가능했다. 처음에는 누구나 한국에 올 때 빚진 브로커 비용을 갚느라 돈을 벌고, 빚이 해결되면 자신과 가족의 미래를 위해 땅을 구입하고 근사한 집을 지었다. 그런데 한국에 온 지 7~8년 된 이주노동자들은 "요즘은 땅값 올라서 집 못 지어요"라고 말한다. 초기 이주노동자들에게 행복한 미래를 제시해주던 '멋진 3 층짜리 집' 이야기도 드물어졌다. 시간이 지나 한국과 본국 양쪽에서의 소비가 증가하면서 본국의 물가도 같이 오르고, 땅값과 집값도 예전과 달라진 탓이다. 이제 본국으로의 송금은 주로 가족의 생활비, 학비 등으로 쓰인다.

한국에서의 소비생활 씀씀이도 제법 커져간다. 그럴수록 본국으로의 송금액은 줄어들 수밖에 없다. 유행에 민감한 20대 후반에서 30대 초반의 젊은 층은 나이키 신발과 리바이스 청바지를 즐겨 입는다. 세계적으로 유명한 브랜드를 선호하는 현상은 마석의 젊은 이주노동자들이라고 비켜가지 않는다. 특히 전자제품에 대한 관심이 많다. 휴일에 샬롬의집 농구장 등에서 행사를 할 때 이들이 들고 나오는 각종 전자제품을 보면 알 수 있다. 최신 휴대전화와 카메라, 태블릿 등으로 사진과 동영상을 찍어 친구들과 함께 보고, 페이스북에 올리기도 한다. 이들이 한국에 온 뒤로는 본국 고향에서의 전자제품 전파속도도 함께 빨라진다.

기혼자들은 고향의 아이에게 줄 선물을 사기 위해 가끔씩 동대문시장, 남대문시장을 다녀오는데, 젊은 층은 자신을 위해서 서울의 용산과 동서울터미널에 전자제품을 사러 가거나 동대문에 옷을 사러 가는 경우가 더 많다. 인터넷으로 쇼핑을 할 때도 있는데, 십이 늘 비어 있으니 배송지를 '샬롬의집'으로 정해놓고 주말이나 퇴근 후에 찾아가기도 한다.

한국의 젊은이들과 마찬가지로, 최신형 스마트폰이 늘려놓은 통신비는 이주노동자의 새로운 부담이 되었다. 자기 나라의 공중전화 카드나, 약정액을 내고 사용하는 휴대전화는 이제 옛말이 된 것이다. 하지만 이주노동자들이 본인 명의로 휴대전화를 구입하기란 여선히 어려워 한국 사람 명의로 대신 구입하는데, 주로 자신의 공장주나 잘 아는 한국인에게 이를 부탁한다. 그런데 단속에 걸려 갑자기 강제출국을 당하면서 이곳 생활을 미처 정리할 시간이 없어지면, 의도치 않게 그 휴대전화 요금을 한국인이 고스란히 물어줘야 하는 일도 생긴다.

병원으로 가는 머나먼 길

2011년 6월, 필리핀의 크리스티 씨(32세, 여)는 임신 6개월째에 양수가 새어나와 호평동에 있는 모 산부인과를 방문했다. 당시 임신 24주 4일 정도였다. 의사는 조기 양막 파수 및 조기 자궁 수축이 있는 상태여서 심각한 상황이라며, 큰 병원으로 가보라고 했다. 그래서 서울아산병원 산부인과를 찾아갔지만, 사용 가능한 인큐베이터가 부족해 고려대학교 안암병원으로 다시 옮겼다.

크리스티 씨는 전 남편과 이혼하고 아들 셋을 어머니에게 맡긴 뒤, 2009년 3월에 한국에 들어와 마석가구공단에서 돈을 벌고 있었다. 한국에서 새로 사귄 필리핀 남자와 동거를 했는데, 그 남자 역시 본국에 있는 가족의 생계를 책임지고 있었다. 그런데 크리스티 씨가 임신하면서 일을 못하게 되자, 월세 13만 원의 단칸방에서 생활하며 두 사람은 빠듯한 살림살이를 유지했다. 남자는 자신의 월급 120만 원으로 본인의 가족과 크리스티 씨의 가족까지 부양해야 했다.

크리스티 씨는 고려대 안암병원에 입원해 응급조치와 초음파검사 등 필요한 검사와 치료를 병행했다. 양수가 계속 새어 2, 3회의 인공양수를 주입했다. 산모보다 태어날 아기가 많이 위험한 상태였으나, 다행히 아기는 무사히 태어났다. 다음날 산모는 퇴원했고, 아기는 건강을 보장하기 어려운 상태여서 계속 병원에 남아 있었다. 인큐베이터 비용 2천만 원과 병원비 1천만 원 등을 합해 총 3천만 원의 병원비가 필요했다. 물론 병원비를 감당할 돈이 없었다.

샬롬의집 외국인복지사업부(팀장 백진우)는 크리스티 씨와 아기의 건강한 퇴원을 위해 "지원받을 수 있는 모든 방법을 동원"했다. 다행히 (사)한국이주민건강협회에서 일정액의 의료비 지원을 받았고, 다솜이작은숨결살리기(미숙아지원센터), 동아일보 인터넷 온라인 모금, 동두천 월드비전의 아동에 대한 지원, 고려대 학생부에서 지원해준 모금액, 병원 측에서의 약간의 감면 등으로 병원비는 해결되었다. 크리스티 씨의 아기는 건강하게 퇴원했고, 2년이 지난 지금은 엄마가 일하는 동안 샬롬의집 무지개보육실에서 다른 아이들과 함께 잘 자라고 있다.

한편 2011년 8월, 가구공단 뒤의 약수터 근처에서 오토바이를 타고 공단으로 들어오던 방글라데시의 로스 씨(33세, 남)는 앞에 가던 차를 피해 중앙선을 넘어가다 마주 오던 승용차와 정면충돌했다. 두 다리가 골절되면서 다발성 좌상 및 찰과상, 요도파열 등이 발생했다. 사고 결과는 오토바이 운전자 로스 씨의 100퍼센트 과실로 정리되었다. 피해자 차량 손실에 따른 합의가 이뤄져 로스 씨기 일하던 공장의 사상이 약 200만 원 이상을 지불했다.

로스 씨는 원병원 응급실로 이송 후 입원했으나 비뇨기과적 문제가 생겨 다음날 한양대학교 구리병원 응급실로 이송됐다. 구리병원에서 수술을 하려 했지만 보증금 500만 원이 없어 시행하지 못하고, 저녁 9시 이후 원병원으로 다시 이송됐다. 그다음날부터 다른 정형외과 수술들을 받았는데, 다리에 견인추를 걸고 두 달 정도 병원에 있어야 했다.

그러나 비용 때문에 한 달 후쯤 원병원에서 퇴원했다. 수술은 잘되었으나 후유증이 예견되어 꾸준한 재활치료가 필요했다. 두 다리를 전혀 움직이지 못해 약 1년간 일을 하기 어려울 뿐 아니라 당장 먹고사는 데도 문제가 있었다. 병원비 부담으로 서둘러 퇴원했지만, 1200만 원 이상의 병원비가 들었다. '경기도사회복지공동모금'에서 응급의료비 300만 원을 지원했고, 로스 씨 공장의 사업주, 건강협회 등의 지원으로 병원비는 해결되었다. 1년 뒤 로스 씨는 2차 수술을 했다. 이때는 서울시립의료원에서 수술비를 지원하고 나머지 부족한 부분은 샬롬의집에서 지원했다. 하지만 로스 씨는 마석에서 더 이상 일하기 어려워 2013년 봄에 방글라데시로 돌아갔다.

이주노동자에게 의료 문제가 발생하면 몸과 마음이 모두 고달프고 힘들어진다. 응급상황이 아니라면 평일에 병원을 찾기도 쉽지 않고, 의료기관을 찾아간다 해도 의사소통이 어려우면 자신의 상태를 정확히 전달하기 어렵다. 특히 미등록 이주노동자들은 검사를 받거나 수술을 해도 의료보험이 적용되지 않아서 그 많은 병원비를 어떻게 마련할지 걱정부터 앞선다. 수술을 받고 한 달 이상 입원하면 병원비가 보통 1천만 원 이상은 나오기 때문이다. 입원할 경우엔 병원비에 대한 경제적인 부담뿐만 아니라 간병 문제와 함께 당장 일을 못 하게 된 데에 대한 정신적인 고통까지 겹친다.

한국인이 감기몸살로 병원 진료를 받고 약국에서 약을 사려면 보통 3~4천 원이 들지만, 의료보험이 적용되지 않는 미등록 이주노동자들은 약값만 3~4만 원이다. 간단한 맹장수술도 한국인은 50만 원 정도인데, 미등록 이주노동자들은 200만 원 이상의 비용을 지불해야 한다. 많은 사람들이 오가며 일하는 공단 내에 약국이 한 곳도 없다는 것은 또 하나의 낯선 풍경이다. 이주노동자들에게 의료보험 적용이 안 되는 상황 때문에 약국도 들어오지 않는 것으로 보인다.

다행히 마석가구공단 이주노동자들은 의료기관을 찾았을 때 샬롬의 집과 연계된 의료공제회 또는 지역 병원과의 네트워크를 통해 병원비의 일정 부분을 지원받는다. 또 한국이주민건강협회에 가입된 단체들이 매달 6천 원씩 납부하는 이주노동자 중에서 3개월 이상 된 회원을 상대로 의료혜택을 주는데, 액수가 큰 병원비의 일정 부분을 지원해주는 형태다. 그런데 한국이주민건강협회에 가입은 많이 하지만 회비를 꾸준히 내는 사람은 적단다. 회원 가입과 회비 납부가 강제사항이 아니어서 평소에는 회비를 미뤄두다가 자신이 필요할 때만 찾아오는 경향이 있는 것도 사실이다.

마석가구공단에선 샬롬의집을 중심으로 온누리약사회, 연세대학교 의과대학 동아리 '의청', 아산재단 사회복지팀, 강동경희대병원, (사)사랑을 담는 사람들이 무료진료 활동을 계속하면서 이주노동자들이 정기적으로 건강검진을 받는다. 본국에서도 받아본 적이 별로 없기에 대부분 건강검진을 받는 편이다.

정부에서도 예산을 책정해 국립의료원, 시립병원 등에서 이주노동자 의료 문제를 관리하는데, 미등록 이주노동자라 해도 공장에서 일하고 있는 것이 확인되면 최대 500만 원까지 의료비 지원을 해준다. 그런데 문제는 정부 예산이 정해져 있기 때문에 상반기에 예산이 바닥나면 하반기에는 아파도 도움을 못 받는 식이다.

이 책을 위해 마석의 이주노동자들을 만나 인터뷰를 하던 중, 방글라데시의 샬림 씨(47세, 남) 일이 터졌다. 2013년 6월 15일, 샬림 씨는 오전에 공장에서 머리가 터질 듯 아파서 일을 멈추고 잠시 쉬었으나 몸 상태가 점점 악화되었다. 공장주가 이를 발견하고 우황청심환을 먹여보았으나 차도가 없자 자신의 차에 태워 병원으로 옮겼다. 마석 시내에 있는 개인병원에서 샬림 씨를 진료한 결과, 의사는 응급상태이므로 한양대 구리병원으로 환자를 옮길 것을 제안했다. 그곳으로 옮긴 뒤 샬림 씨는 응급으로 심혈관조영술 등을 시술받았고, 체외순환기를 유지해야 했다. 폐 입구의 큰 혈관 두 개가 다 막혀 있어 수술이 이뤄졌다. 그러나 수술 후에 샬림 씨는 쇼크 상태였다. 심근경색과 기타 합병증이 있었다. 샬림 씨는 중환자실로 옮겨 치료를 받았으나 상태가 호전되지 않았고, 급성신부전과 출혈이 지속되어 6월 21일 오전 11시 20분경 사망했다.

샬림 씨는 2008년에 이미 한양대 구리병원에서 심근경색 수술을 받은 적이 있었다. 그런데 이후에 적절한 치료를 전혀 받아보지 못한 상태였다. 그의 사망 직후, 병원비는 약 2100만 원가량 청구되어 있었다. 한국이주민건강협회에서 당일 의료비 300만 원을 지원했고, 응급의료비 300만 원을 추가로 지원했다. 한양대 구리병원 사회복지팀에서 100만 원을 지원하고, 샬림 씨가 남긴 본인의 돈 200만 원으로 병원비의 일부를 해결했다. 다른 지역에서 일하는 샬림 씨의 사촌동생이 있었지만 병원비를 해결할 능력은 없었으며, 나머지 비용 1500만 원은 샬롬의집 의료 담당 실무자가 '응급의료비 대불'을 신청한 상태다.

샬림 씨의 시신은 방글라데시 대사관에서 추천받은 국제장례업체를 통해 냉동방부 처리해서 운송하기로 했다. 그리고 6월 23일에 이슬람교 방식으로 장례를 치른 뒤 6월 26일 저녁 비행기로 샬림 씨는 자신의 나라로 돌아갔다. 장례에 필요한 비용은 샬림 씨가 일하던 공장의 사장이 절반을, 그와 고향에서부터 알고 지내던 레니 씨(49세, 남)가 나머지 절반을 지불했다.

마석가구공단에서는 장례식도 1년에 많으면 2, 3회, 적으면 1회 정도 치르게 된다. 이주노동자의 건강상태가 썩 좋지 않기 때문에 주로 심장마비나 심근경색으로 갑자기 사망하는 경우다. 장례식은 친인척, 가족, 친구들이 주도적인 역할을 하면서 고향의 방식대로 절차를 밟는다. 시신 운송비용(800만~1천만 원 정도)은 공단 내의 이주노동자들 사이에서 모금을 하거나, 부족한 경우에는 샬롬의집에서 일정 부분을 지원하기도 한다. 망자가 필리핀 사람이라면 시신을 본국으로 보내기 전에 샬롬의집 성당에서 미사를 보고, 방글라데시 사람이라면 마당에 관을 둔 채 이맘이 와서 메카를 향해 기도를 해준다. 한국에서의 마지막 인사는 그렇게 마무리된다.

타국에서 맞는 생일잔치

여느 마을이 그러하듯 공단에서도 소소한 잔치들이 끊이지 않는다. 특히 언제 어떻게 갑자기 떠날지 모른다는 생각이 마음 한편에 자리잡고 있는 이주노동자들에게 타국에서 맞는 생일잔치란 각별할 수밖에 없다. 그래서인지 돈을 좀 쓰더라도 제대로 형식을 갖추어 즐기려는 사람이 많다.

2012년 9월 첫번째 일요일, 우리는 필리핀 아기 로멜(남)의 돌잔치에 함께 간 적이 있었다. 공장 위의 넓은 공터에 패널 식으로 지은 거주지에는 왼편에 다섯 가구, 오른편에 다섯 가구씩 살고 있었다. 이곳에는 아이를 둔 필리핀 이주노동자들이 주로 모여 산다. 아이들 빨래와 집 앞의 선반에 놓인 자그마한 신발들, 주변의 세발자전거나 소꿉놀이 장난감 등 아이들 물건이 보였다. 가구공장 노동자들답게 누구나 앉아 쉴 수 있는 낡은 소파도 출입구 처마 밑의 한자리에 가져다놓았다.

이날의 아기 돌잔치는 예전의 시골집에서 치르는 돌잔치 분위기였다. 9월이어서 바깥 공터에 돗자리를 여러 개 깔아 손님상을 차렸고, 로멜의 이웃집에서 쓰는 밥상들이 밖으로 하나씩 나온 듯했다. 로멜의 집 안에선 이웃집 여자들과 함께 마련한 필리핀 잡채, 만두, 닭볶음, 바비큐한 돼지고기와 닭고기, 채소 샐러드 등이 뷔페 식으로 차려져 있었다. 벽에는 부모가 찍은 로멜의 귀여운 사진들을 모아서 커다란 천에 프린트한 걸개그림이 걸려 있었다. 잔치를 돕는 남자들은 로멜의 집 앞 공터에서 닭고기와 돼지고기를 필리핀 식으로 양념해 꼬치에 꽂아 석쇠에 구웠다. 기름이 빠진 꼬치구이는 바삭하고 담백한 맛이었다. 돌잔치에 온 이웃집 아이들은 한차례 배불리 먹고 저희들끼리 공터 여기저기 뛰어다니며 놀았다. 손님들은 돌 선물로 봉투에 현금을 넣어주기도 하고, 아기옷을 선물하거나 맛있는 포도주를 가져오는 것으로 제각기 성의 표시를 했다.

필리핀에서 온 미셸 씨는 30대 중반의 생일을 맞았다. 그의 생일파티에 초대를 받은 에이미 씨는 필리핀 만두를 직접 준비했다. 그리고 우리 일행을 함께 데려가도 되겠냐고 미셸 씨에게 묻자 그는 선뜻 받아들였다. 미셸 씨는 검고 긴 곱슬머리를 어깨 아래까지 늘어뜨리고 눈화장과 볼터치에 신경을 많이 쓴 화려한 화장을 하고 있었다. 얼굴 윤곽과 음성에서 남성이 느껴지지만, 그가 하는 행동은 애교가 많은 여자였다. 미셸 씨는 트랜스젠더다. 그 역시 가구공장에서 일한다. 그의 집은 무척 아기자기하게 꾸며져 있었다. 꽃장식이나 나비 장식, 인형들, 화장품, 살림도구들에서 모두 여자의 집이라는 게 느껴졌다. 파티에 온 친구들은 같은 트랜스젠더나 여자들만큼 남자들도 많았다. 이날의 음식은 돌잔치보다 더 화려하고 풍성해 보였다. 필리핀 만두나 잡채 등은 기본이었고, 필리핀에서 즐겨 먹는다는 해산물 요리와 게 요리, 한국인 손님을 위한 동태찌개도 등장했다.

토요일 저녁 시간에 열린 그의 생일파티는 밤늦도록 먹고 얘기하고 노래하며 술도 한잔씩 나누는 자리였다. 그가 초대한 손님은 거실과 두 개의 방, 야외의 파라솔까지 모든 공간을 북적북적하게 채웠다. 거실에선 텔레비전에 연결된 노래방 프로그램으로 필리핀 노래, 한국 가요까지 노래하고 싶은 사람이면 누구나 선곡해 불렀고, 흥이 나면 그 앞에서 춤을 추었다. 이 책을 위해 우리가 만난 필리핀 여성들을 이 파티에서 거의 다 만날 수 있었다. 바깥의 파라솔에 따로 상을 차린 사람들은 이날의 주인공 미셸 씨와 같은 트랜스젠더들이었다. 그들은 따로 자신들만의 모임을 가졌다.

방글라데시 사람들의 잔치도 이에 못지않다. 마석가구공단에서 11년째 생활하며 성장한 아인 씨(21세, 여)는 "애들 생일은 집에서 크게" 축하파티를 연다고 말해주었다. 그에 의하면 "동네 사람들을 다 초대"하는데, 동네 사람이란 주로 친하게 지내는 방글라데시 사람들일 것이다. 아인 씨의 어머니는 아인 씨와 남동생이 생일을 맞이할 때마다 주말을 이용해서 100명이 넘는 인원을 초대했단다.

아인 씨가 볼 때 지금까지 마석에 살면서 "거의 한 달에 한 번씩"은

동네 사람들이 잔치를 했다. 방글라데시 사람들이 서로 "어울리는 걸 좋아해"서란다. 음식 준비는 이웃들이 도와주는데, 커다란 솥에 쇠고기를 삶고 커리와 향신료를 넣어 익히는 일은 남자들 몫이다. 실제로 아인 씨의 어머니는 아이들 생일잔치를 위해 일주일 전부터 음식을 준비하는데, 전날은 어머니가 잠을 설치면서까지 방글라데시의 전통음식을 만들었다고 말해주었다. 이렇게 잔치가 끝나면 이제는 으레 잔치 사진이나 동영상을 CD로 보관한다.

공단에서의 사랑과 결혼

2011년 9월 13일, 샬롬의집 운동장에선 필리핀의 재클린 씨(27세, 여)와 데이비드 씨(29세, 남)가 결혼식을 올렸다. 결혼식장은 여느 필리핀의 결혼식장과 비슷하게 화려한 장식을 모두 갖추어 꾸몄다. 농구대가 한몫을 했다. 신부가 입을 드레스도 샀다. 이 부부는 멀리 신혼여행을 가지 못하는 대신 인근의 평내호평역 근처 모텔에서 첫날밤을 보내기로 했는데, 친구들이 그 모텔에 미리 가서 욕조에 꽃을 뿌려놓아주었다.

한편 결혼 적령기를 넘긴 방글라데시 남자들은 본국의 여자와 '전화결혼'을 하는 경우도 있다. 형이 먼저 결혼해야 동생들이 결혼하는 방글라데시의 관습 때문이기도 하고, 장가 못 간 아들에 대한 부모의 걱정을 덜어주기 위함이기도 하다. 고향의 신부는 현지에서 사귀었던 애인일 수도 있고, 양가 집안의 친분으로 정해진 처녀일 수도 있다. 일반적으로 신랑과 신부가 우편으로 사진을 교환한 뒤 전화로 소식을 나누다 결혼을 한다. 예전에는 한창때 사진을 주고받아 실제로 만나서는 실망하는 일도 있었다지만, 요즘은 인터넷 화상통화를 이용하기도 하니 그럴 일은 드물다.

2012년 10월 20일 저녁에는 방글라데시 나디브 씨(36세, 남)의 전화 결혼식 전야제가 있었다. 나디브 씨는 자기 집이 좁아 친구들이 사는 집을 빌려 결혼식을 치렀는데, 그 집은 공단 입구에서 멀지 않아 손님들이 오기 편했다. 게다가 거실이 있고 방이 세 개 있어 손님을 초대하고 잔치를 하기 적절한 집이었다.

신랑 친구들은 이 전야제를 위해 방글라데시 전통문양과 결혼식에 쓰이는 장식들을 준비했다. 신랑이 앉는 자리를 중심으로 천장과 벽을 화려하게 꾸며놓았고, 신랑이 앉는 자리 위에 간이 지붕을 만들어 덩굴 과일을 얹고 그 줄기에 살아 있는 비둘기의 발을 묶어 장식해놓았다. 신랑 앞 탁자에는 커리를 넣고 졸인 닭고기볶음과 쇠고기 요리, 채소, 떡 등이 놓여 있었다. 빨간 방울토마토와 청포도를 긴 꼬치에 알알이 엮은 후, 그 위에 크고 붉은 장미를 얹은 과일 장식과 커리가루 등도 함께 두었다.

신랑과 친구들, 친척들은 방글라데시 전통의상을 깨끗하게 차려 입고 와서는 고향에서 하던 결혼식 전날의 풍경을 그대로 재현하는데, 결혼식 전날은 이미 잔치 분위기다. 하객들은 신랑에게 건강과 축복을 기원하는 덕담을 건네면서 신랑 얼굴에 건강과 행운을 상징하는 커리가루 또는 꽃잎을 찧은 붉은색 염료를 발라주고, 신랑은 하객에게 감사의 인사를 건넨다.

다음날 본격적인 결혼식이 있는데, 방글라데시에선 신랑과 신부가 함께 축하받은 뒤 결혼증명서에 사인을 하게 되어 있다. 하지만 마석의 결혼식에선 신랑만 혼자 앉아 하객을 맞이한다. 신랑 친구들은 자신들이 직접 만든 음식을 하객에게 대접하며, 하객이 건네는 축의금을 모아서 신랑에게 챙겨준다. 같은 시간에 방글라데시의 신부의 집에서도 잔치가 벌어지고, 신랑의 부모와 친구들이 참석한다. 예식이 시작되면 신랑은 전화로 본국의 이맘에게 "아플 때나 힘들 때나 함께한다"는 혼인서약을 한다. 이렇게 간소화된 결혼식을 치른 부부들은 대부분 남편이 귀국하면 다시 정식으로 결혼식을 올린다.

전화결혼을 한 뒤 신부가 신랑이 사는 한국에 오는 경우는 드물다. 신부는 시집에 들어가 시부모와 시동생들을 돌보며 집안 살림을 하기 때문이다. 마석의 방글라데시 부부 중에서 전화결혼 이후 남편을 따라 한국에 온 경우는 알로 씨(29세, 여)가 유일했다. 알로 씨는 남편더러 시부모를 설득해달라고 했다.

서른한 살인 이끄발 씨는 집안의 장남임에도 불구하고 이런 방식의 결혼을 원하지 않았다. 그는 전통적인 방글라데시 남성과 다르게, 사랑과 결혼은 개인의 의지와 판단이 더 중요하다고 여긴다. 그래서 부모가 결정해주는 상대와 결혼하기보다 자신이 사랑하는 여성과 결혼하고 싶어하며, 장남이 반드시 먼저 결혼해야 한다는 자기 나라의 일반적인 결혼관도 합리적이지 않다고 생각한다. 또한 방글라데시 전통방식으로 결혼하면 어린 여성과 결혼해야 하는데, 이것도 마음에 들지 않는다고 한다. 자신은 서른 살이 넘었는데 나이가 어린 10대 여성과 결혼하는 것은 비양심적이라는 것이다.

한국에 와서 자기 나라 사람과 사랑을 하고 결혼하는 경우도 많다. 네팔의 사티 씨는 한국에서 만난 네팔 여자와 1996년에 친구의 공장에서 조촐하게 결혼식을 치렀고, 고향 사람들과 지인들 몇 명이 결혼식의 증인으로 와주었다. 결혼의 증표로 그는 아내에게 금반지를 선물했다.

네팔의 아유시 씨(36세, 여)도 한국에 와서 네팔 남자 바하두르 씨(38세경, 남)와 결혼했다. 이들은 네팔에 있을 때 얼굴만 알고 대화를 나눠본 적이 없었지만, 아유시 씨가 한국에 와서 '동네 오빠'였던 바하두르 씨에게 연락해 도움을 구하면서 친해졌다. 아유시 씨는 바하두르 씨를 따라 마석가구공단으로 왔고, 공단 일에 적응하는 동안 사랑에 빠졌다. 두 사람은 마석역 근처에 있는 뷔페식당을 빌려 공단 사람들을 초대하고 결혼식을 올렸다. 2007년에는 이들 부부 사이에 딸이 태어나 공단에서 자랐다.

여러 나라 사람들이 한 공장에서 어울려 일하는 곳, 다양한 국적의 사람들이 이웃 주민으로 살아가는 마석에서 남녀의 사랑과 성, 결혼은 다양한 모습으로 나타난다. 순수한 사랑의 감정으로 연애를 하는 경우가 많지만, 생활의 필요에 의해 애정관계나 동거, 결혼을 선택하는 경우도 있다. 보통은 같은 나라 사람들 사이의 애정관계가 주를 이루는데, 국적을 초월한 커플도 종종 있다. 그러나 네팔과 필리핀, 필리핀과 방글라데시, 한국인과 비한국인 사이의 남녀관계를 곱게 보지 않는 시선도 존재하는 게 사실이다.

결혼이주여성들 중에는 '진정한 사랑'을 마음속에 늘 꿈꾸면서도 현실적인 필요에 의해 이성을 선택하거나 의지하며 살아가는 사람들도 많다. 베트남의 하잉치 씨(29세, 여)는 스물세 살 때 자신보다 열다섯 살이 많은 서른여덟 살의 한국 남자와 결혼해 아이를 낳았고, 남편과의 심각한 갈등 끝에 집에서 아이와 함께 쫓겨났다. 갈 곳이 없던 그는 아이를 데리고 마석으로 와서 샬롬의집 무지개보육실에 아이를 맡기고 공장에서 일했다. 그 후 베트남 남자를 만나 함께 살면서 아이에게 '아빠'를 만들어주었지만, 이 남자를 진심으로 사랑하진 않았다. 그 남자친구가 단속으로 강제출국을 당한 뒤 아이와 단둘이 마석에 남은 하잉치 씨는 최근에 또다시 나이 많은 한국 남자를 만나 재혼했다. 아이 이름도 새로운 한국 남자의 성을 따라 바꿨다.

하잉치 씨처럼 결혼이주여성인 베트남의 응웬치 씨(23세경, 여)는 한국인 남편의 잦은 폭력을 견디지 못해 집을 도망쳐나왔다. 갈 곳이 없던 그는 고향 언니인 하잉치 씨를 통해 마석가구공단에 왔고, 이곳에서 일하며 자기 또래의 젊고 잘생긴 베트남 남자를 만나 사랑에 빠졌다. 결국 아기도 생겼다. 한국인 남편과 이혼절차를 밟아야 하는 동시에 임산부로서 곧 있을 출산도 준비해야 하는 상황이다.

다양한 인생경험을 한 성인남녀가 모여 있다보니 가끔은 시작부터 비극인 사연도 있기 마련이다. 같은 공장에서 일하던 한국 여자와 남자 이주노동자 사이에 싹튼 남모를 애정이 그랬다. 양쪽 다 결혼해서 가정이 있었던 게 문제였다. 한국 여자의 남편이 어느날 이 사실을 알고는 화를 참지 못해 삽자루를 들고 공장에 나타나서 "내 마누라를 꼬신" 이주노동자에게 마구 휘둘러댔다. 예고도 없이 순식간에 닥친 일이라 삽자루에 머리를 맞은 남자는 피를 흘리며 병원에 실려갔고, 그 소란에 출입국관리사무소에서 단속을 나왔다가 괜히 엉뚱한 이주노동자들만 잡혀갔다. 사건이 수습된 후, 문제의 이주노동자는 자진해서 본국으로 돌아갔다.

삼거리에 있는 옛 새마을금고 위의 공간이야말로 사연이 많은 곳이다. 2000년대 초부터 여기에 '아프리칸'이라는 호프집이 있었다. 이곳을 자주 드나들던 방글라데시의 한 젊은 남자가 호프집에서 일하는 한국 여자와 사랑에 빠져 동거를 했는데, 그 생활이 오래가지는 못했다. 하루는 그 여자가 자신의 애인이던 방글라데시 남자를 화성 쪽으로 데려가서는 길도 모르는 그를 거기에 버리고 온 것이다. 방글라데시 남자는 겨우겨우 마석으로 찾아왔지만, 자신이 사랑하던 그 여자는 어느새 필리핀 남자와 연인처럼 팔짱을 끼고 다녔다.

또 다른 사연. 어느날 젊고 발랄한 필리핀의 20대 여자 두 명이 짧은 치마를 입고 서빙을 하기 시작했다. 공단 내의 이주노동자들 사이에 소문이 퍼지자, 토요일만 되면 일이 끝나기 무섭게 남자들이 몰려와 호프집 테이블을 꽉 채웠다. 이 여자들은 브로커를 통해 엔터테인먼트 비자로 한국에 왔다가, 전라도 어느 지역에 있는 유흥업소에 인신매매로 넘겨진 상태였다. 브로커에게 속은 것을 알고 마석가구공단으로 도망쳐 온 이 여자들은 처음엔 가구공장에 취업할 예정이었으나, 호프집으로 일터를 바꾸고 공단 남자들의 인기를 독차지하며 일했다. 나중에 이들을 팔아넘긴 브로커들이 찾아왔는데, 마침 퇴근하던 필리핀 이주노동자들이 아프리칸의 두 여자가 잡혀가는 것을 보고 몰려들어 이들을 막아서 승강이를 하다가 샬롬의집 마당까지 오게 되었다. 결국 이정호 신부가 중재를 해 브로커들을 잘 다일러 돌려보냈다. 공단 남자들의 도움을 받은 두 여자는 그날 밤, 어디로 간다는 말도 없이 공단을 떠났다고 한다. 아프리칸은 그 후로도 영업을 했지만, 2003년 전후로 문을 닫았다는 이야기만 남았다.

갑자기 떠나는 아이들

샬롬의집 2층과 3층에 있는 무지개보육실에서는 이주노동자 가정의 1세부터 7세까지 영유아들을 맡아서 돌봐주고 있다. 부모들이 출근할 즈음인 8시 전후로 보육실 차량이 공단을 돌면서 아이들을 태워오고, 퇴근시간 무렵에 아이들을 데려다준다.

무지개보육실이 생기기 전에만 해도 대부분의 이주노동자 부부는 아이를 맡길 곳이 없었다. 게다가 아기 때의 병원비를 포함해 양육비도 만만치 않아 고민이 되었다. 아이가 어느 정도 클 때까지는 아내가 돈을 벌지 못하므로 남편 혼자 벌어선 한국에서의 생활을 감당하기 어려운 현실이었다. 그래서 아기가 태어나자마자 엄마가 아기를 데리고 먼저 출국하거나, 나중에 출국하는 다른 인편에 부탁해 아이만 본국의 친척이나 가족에게 보냈다.

2007년에 무지개보육실이 문을 열자, 이곳을 이용하려는 이주노동자 부부가 늘어나면서 대기자들도 많아졌다. 이곳은 한 달에 15만 원 정도의 비용으로 아이를 맡길 수 있는데, 아이들에게 들어가는 나머지 비용은 모두 외부의 지원을 받아 해결하고 있다. 부모들이 아이를 자유롭게 데리고 나가지 못해도, 보육실 교육 프로그램을 통해서 아이들을 소풍이나 야외활동에 보낼 수 있다는 게 큰 장점이다.

초창기부터 지금까지 아이들과 함께 생활해온 보육교사 김갑숙 씨(49세, 여)는 맨 처음에 보육실에 왔던 방글라데시의 유나(당시 4세, 여)가 가장 기억에 남는다고 한다. 매운 떡볶이를 좋아하던 유나는 보육실의 첫번째 아이여서 특별히 정이 많이 갔다. 그런데 유나의 엄마가 위조여권 소지 혐의로 경찰 단속에 잡히면서 유나는 어느날 갑자기 엄마와 함께 방글라데시로 돌아갔다. 이별할 시간도 없이 정을 떼야 하는 일, 갑작스러운 이별로 느끼는 허전함을 김갑숙 씨는 유나를 통해 처음 겪었다. 보육교사들은 이주노동자 아이들과의 '예고 없는 이별'을 마음속에 늘 준비해야 한다.

2013년에도 벌써 여러 명의 아이가 보육실을 떠나거나 부모를 따라 자기 나라로 돌아갔다. 방글라데시의 소냐(8세, 여)는 엄마와 동생과 함께 5월에 출국했고, 파루키(6세, 남)는 7월에 엄마와 함께 출국했다.

소냐의 아빠는 아이들 교육 문제를 걱정해서 아내와 아이들을 먼저 본국에 보내고 싶어했다. 그런데 소냐 엄마는 남편과 생이별을 하면서까지 돌아가고 싶지 않았다. 또한 본국의 전통적인 위계질서로 되돌아가는 것도 썩 내키지 않았다. 이곳에서 돈을 버는 일이 힘들어도 자신의 노동가치를 눈에 보이는 결과로 인정받는 지금이 차라리 낫다고 느꼈다. 하지만 소냐 엄마는 결국 남편을 남겨두고 아이들과 함께 먼저 출국했다. 아이들을 위한 선택이었다.

소냐는 녹촌분교 2학년에 재학 중이었다. 초등학교에 입학하기 전에는 무지개보육실을 다니며 '야무지고 깜찍한 아이'로 교사들의 사랑을 받았다. 아기 때부터 뛰어다니며 놀던 가구공단의 모든 곳이 소냐에겐 놀이터였고, 방글라데시 '삼촌'들은 늘 소냐를 예뻐해주었다. 소냐는 한국을 떠나기 전날, 많이 울었다. "방글라데시 말도 모르고, 친구하고 헤어지는 것도 싫고, 그냥 여기가 좋아요. 계속 한국에서 공부하고 싶어요"[1]라고 솔직하게 말했다.

한국에서 영유아 시절을 보낸 이주노동자의 아이들은 자기 나라 말에 능숙하지 못하기에 본국에서의 언어 적응과 이후의 교육을 위해서라도 부모는 본국으로 데려가는 쪽을 택한다. 공단에 계속 살아봤자 아이들의 미래를 보장할 수 없기 때문이다. 그래서 부모들은 늦어도 아이가 초등학교 입학할 즈음이나 초등학교 저학년 때 아이와 함께 본국으로 돌아가려는 계획을 세운다. 하지만 막상 계획을 실행해야 할 때가 되면 부모들은 깊은 고민에 빠진다. 본국으로 돌아가도 일자리가 없기 때문에 어쩔 수 없이 가족의 생계를 위해 한 사람은 남고 나머지 가족이 돌아가는 이별을 겪게 된다. 보통은 아버지가 남고 아이들과 엄마가 떠난다. 아이 둘과 아내가 본국으로 돌아간 뒤, 혼자 남은 소냐 아빠는 멍하니 시간을 보낼 때가 많다. 샬롬의집 무지개보육실 차량이 지나가면 그 차에서 둘째아이가 내릴 것만 같았다.

파루키네도 본래는 올가을에 파루키와 엄마만 출국할 계획이었다. 그런데 올해 6월, 파루키 엄마와 아빠가 공장에서 일하다가 단속되어 아빠는 바로 출국당하고, 7월에 파루키와 엄마도 짐을 정리해 출국했다. 파루키 역시 소냐처럼 아기 때부터 보육실에 다니기 시작해 어느덧 여섯 살이 되었는데, 친구들과 잘 어울리고 명랑한 아이였다. 먹성이 좋아 돼지고기를 제외한 모든 음식을 아주 잘 먹고 목소리가 엄청 크며, 또래보다 덩치가 커서 어디서나 눈에 띄곤 했다. 떠나기 며칠 전부터 파루키는 선생님과 친구들 모습을 그림으로 그려서 자기 마음을 보여주었다. 파루키가 떠난 뒤 남은 아이들은 "파루키 안 와요? 왜 안 와요?" 하고 궁금해했지만, "이제 안 와"라는 선생님의 말을 듣고는 더 이상 묻지 않았다.

---

1) 이정국, 「"한국 떠나기 싫은데", 8살 마히아 슬픈 이별」, 『한겨레』, 2013년 5월 9일자.

5장

관계들

녹촌분교에서 열린 서남아시아 축제에서는 방글라데시 식의 닭싸움 경기가 있었다.

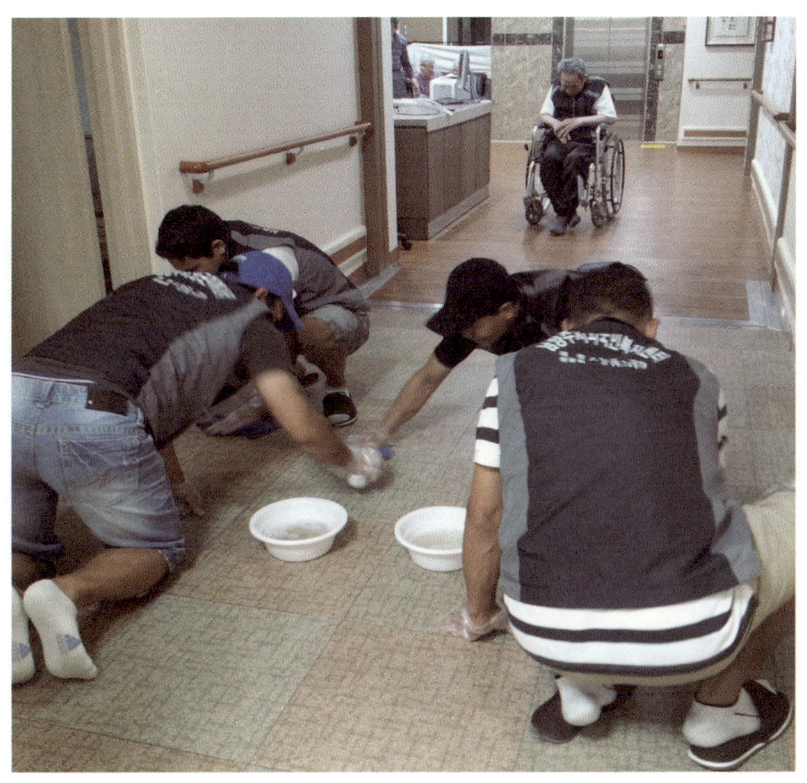

한 달에 한 번 있는 자원봉사에 모인 이주노동자들이 남양주의 노인복지시설을 청소했다.

샬롬의집에서 주최한 외국인 문화축제의 점심은 현지식으로 제공된 도시락이었다.

새동네 가는 길은 벽화로 단장했다.

이주노동자와 이주노동자

이주노동자 개인 간에는 어느 지역, 어느 종족 출신인지가 중요할 때가 있다. 네팔과 방글라데시 출신들은 같은 국적이더라도 서로 말이 안 통하기도 한다. 고향의 인맥 중심으로 연결된 마석의 이주노동자들은 고향 사람들 위주의 친분이 우선시되는데, 오래 생활하다보면 인간관계가 좀더 확장된다.

방글라데시 사람들은 선후배 관계를 존중하고 연장자에게 예우를 해준다. 원로급 남성들을 큰형처럼 대접하고, '기도방'에서 모금활동이 있을 때 연장자가 앞에 나와서 설득하면 대부분 수긍하며 동의해주는 편이다. 젊은 층은 자기보다 나이 많은 형들 앞에서는 담배도 피우지 않는다. 이런 위계질서는 종교생활에서 비롯되는 경향이 있어서, 기도방에 꼬박꼬박 나가며 성실히 기도하는 '믿음이 좋은 사람'들이 기도를 자주 안 하는 사람을 무시하는 태도를 보이기도 한다.

같은 국적의 커뮤니티에서는 경조사가 있을 때 서로 챙겨주고, 큰 행사가 있으면 함께 준비를 한다. 누군가 딱한 처지에 놓이면 모금활동을 한다. 방글라데시와 필리핀 커뮤니티에서는 본국에 있는 어려운 사람들을 돕기 위해 한 달에 5천 원 정도 정기적으로 기부를 하는 사람도 꽤 된다.

반면 필리핀과 방글라데시, 필리핀과 네팔, 방글라데시와 네팔 사람들 사이에는 서로 다른 언어와 종교, 문화로 인해서 서로간의 편견이나 오해가 생기기도 한다. 네팔이나 방글라데시 사람들은 필리핀 사람들의 다소 자유분방해 보이는 성 문화에 대해 '도덕관념이 약하다'는 편견을 가질 때가 있다. 방글라데시 남자들은 대체로 가부장적이어서 여자를 억압한다는 선입견이 존재한다. 또 독한 술을 즐기다 인사불성이 되는 몇몇 사람들 때문에 네팔 사람은 '술 먹으면 무섭다'는 오해를 받는다.

그래도 국가별 갈등은 거의 없다. 초창기 '무법천지' 시절에 합의를 이룬 이후 상호간에 유대적인 관계가 이어져왔다. 가끔씩 국적에 상관없이 한데 모이기도 하는데, 그 무대가 되는 곳이 녹촌분교와 샬롬의집이다. 2012년과 2013년에 방글라데시 사람들은 마석의 이주노동자들이라면 누구나 즐길 수 있는 서남아시아 축제, 이드 축제를 기획해 경기문화재단의 후원을 받아 행사를 치렀다. 2012년 4월의 서남아시아 축제는 녹촌분교에서 열렸는데, 각 나라별 설날 음식 맛보기, 전통놀이, 노래와 공연 등으로 국적을 떠나 많은 사람들이 참여했다.

녹촌분교에서는 휴일에 이주노동자들의 축구 경기가 열리기도 한다. 이곳을 자주 이용하는 이주노동자들이 운동장에 있던 울퉁불퉁한 돌들을 모두 골라내면서 초등학교 아이들도 운동장을 쓰기가 편해졌다. 또 지역의 주민들을 찾아가는 자원봉사활동이 2012년 4월부터 샬롬의집의 주관으로 시작되어 한 달에 한 번씩 꾸준히 지속되었는데, 필리핀, 방글라데시, 네팔, 인도네시아 등의 이주노동자들이 다 같이 모여서 휴일을 봉사활동에 할애했다.

개인 간의 다툼은 사람들이 사는 곳이라면 있을 법한 사소한 일들이지만, 최근 불거진 심각한 문제는 갈등의 원인이 아니라 그 해결방법이다. 인간적으로 풀 수 있는 다툼에도 '합법'과 '불법'이라는, 한국에 온 이주노동자들만이 겪어야 하는 신분 차이가 변수로 등장하는 일이 잦아졌다. 한국인과의 결혼 등을 통해 '합법'이 된 사람이 자기 눈에 거슬리는 '불법' 신분의 사람을 신고해 추방시켜버리는 것이다. 신고하는 이주노동자도 '추방'이라는 것이 얼마나 끔찍한 것인지 누구보다 잘 알고 있기에 벌어지는 일이다. 이런 일이 터질 때마다 '합법'과 '불법'의 차이가 마치 계급의 차이처럼 드러나게 된다.

어느 공장에서 경리로 일하는 한국 여자와 결혼해서 '합법'이 된 이주노동자가 있었다. 그의 한국인 아내가 어느날 사장의 심부름으로 담배를 사오는데, 같은 공장에서 일하는 노동자이자 남편의 친구인 '불법' 이주노동자가 그 모습을 보고 "담배를 피우냐"고 농담을 했다. 그 얘기를 전해들은 '합법' 친구는 화가 나서 '불법' 친구의 집에 찾아가 자기 아내를 희롱했다며 문을 부순 후 바로 신고를 해버렸다.

최근 방글라데시 친구들 사이에 벌어진 다툼도 결말은 강제출국이었다. 한 친구가 일방적으로 맞아 다쳤는데, 맞은 친구는 '합법', 때린 친구는 '불법'이었다. 맞은 친구가 경찰에 신고를 했고, 경찰에선 너무 경미한 부상이라 쌍방이 합의하면 사건 처리를 안 하겠다고 했다. 하지만 맞은 사람이 끝까지 처리를 해달라고 요구한 것이다.

폭행을 당하고도 보상은커녕 '불법체류자'라는 사실 때문에 경찰에 의해 강제출국을 당한 경우도 있다. 필리핀의 레이첼 씨(30대, 여)는 공단 내에서 이주노동자들을 상대로 고리대금업을 하는 '미스터 김' 부부에게 돈을 빌렸다가 갚지 못하고 있었다. 그러던 어느날 미스터 김이 "경찰에 신고하겠다"고 협박하며 레이첼 씨를 폭행했다. 그러고는 곧바로 레이첼 씨를 경찰에 신고하면서 일이 이상하게 해결되었다. 경찰에선 레이첼 씨에 대한 '폭행사건'보다는 그의 '불법체류' 사실로 단속해 강제출국이 진행되었다.

'합법'과 '불법' 딱지는 예배 인도자인 이맘도 예외는 아니다. 한번은 다른 지역의 이맘이 마석의 행사에 와서 발언을 하려고 했더니, 공단 측 신도들이 제지를 한 적이 있었다. 공단 측 이맘은 자기 신도들을 말렸지만 결국 싸움으로 번졌고, 이에 실망한 이맘이 신도들을 나무랐다. 며칠 뒤 이맘에게 경찰이 찾아왔다. 이맘에게 불만을 품은 '합법' 신도가 이맘을 '불법체류자'로 신고한 것이다.

이주노동자와 공장주

영세한 소규모 업체를 운영하는 공장주와 이주노동자는 일하는 여건과 임금, 환경, 법적인 문제 등 모든 면에서 서로 밀접하게 얽혀 있다. 서로를 필요로 하기 때문에 적대적인 관계보다는 우호적인 관계를 유지하게 된다. 우리가 인터뷰한 D공장주도 이주노동자들의 일손이 절실했다.

"2006년, 2007년만 해도 공단에 외국인이 많았어요. 그땐 사람이 넘쳤고, 우리도 공장 문을 열어놓고 일했죠. 외국인들이 지나가다 들여다보면서 '사람 안 써요?' 하고 자주 물어보기도 했고. 그런데 이명박 대통령이 되고 나서 대대적인 단속이 들어오더니 다들 잡혀가고, 한번 왕창 솎아내더니 공단에 일할 사람이 별로 없어요. 지나가던 외국인이 사람 구하냐고 묻는 일도 없고, 공장 문을 활짝 열어놓고 일힐 수도 없어요. 사람 구하기가 너무 힘들어 우리 공장도 2009년 이후로 항상 서너 명이 부족한 상태라 공장 기계를 다 못 돌려요. 요즘은 자진출국하는 경우도 많고 그래서 기숙사도 빈 곳이 많아요."

"가구공단은 3~4년 전부터 계속 인력이 부족한 상태"이며, "나이 든 한국 사람을 채용해볼까 하고 벼룩시장에 핑고도 내봤는데, 한국 사람한테서는 아예 전화 한 통도 안 온다"고 한다. D공장주가 고용지원센터에 '외국인노동자 신청'을 하러 갔더니, 한 달 동안 구인광고를 낸 자료를 제시하라고 했다. 고용허가제로 합법적인 이주노동자를 고용하려고 해도 서류와 절차가 복잡해서 무척 번거롭고 시간도 많이 걸린다. "외국인 다섯 명 필요하다고 신청했는데, 지금 1년이 지났지만 아직까지 연락이 없다"고 한다.

하지만 공장주들이 이주노동자들을 그저 곱게만 보는 것은 아니다. 이주노동자들에게 여러모로 신경을 쓰며 잘 대해주었는데 월급을 더 준다는 곳으로 말도 없이 가버리면 이때 느끼는 배신감 또한 크다.

"월급 더 준다는 데로 자주 옮겨가는 거, 결과적으로 보면 자기한테 손해인데도 외국 애들은 귀가 얇아서 자주 그래요. 일 바쁜 공장에서 5만원 더 줄게, 10만원 더 줄게 하면 그냥 옮겨버려요. 그런 공장에선 서너 달 일 시키고 바쁜 일 끝나면 나가라고 하죠. 그러면 애들, 당장 갈 데가 없는데도 그걸 몰라요. 우리 회사에 다시 돌아온다 하면 받아주기가 쉽나요?"

H공장주는 지난 1년 동안 "한 사람 월급은 그냥 안고" 공장 운영을 했다. 생산 물량이 줄어들어 직원을 한 명 정도 줄여야 했지만, 내보내지 않고 버텼다. 하지만 그의 공장에서 일하는 이주노동자들은 그런 사정을 전혀 몰라준단다. 주문이 들어오고 물건이 나가는 것을 지켜보면 공장 사정이 좋지 않다는 것을 어느 정도 알아차릴 텐데, 공장주 입장에서 볼 때 이주노동자들은 그런 점에 대해 신경을 쓰지 않는다는 것이다. 그는 2012년 연말에 결국 힘들어서 "우리도 한두 달만 '무노동 무임금' 하면 안 되겠냐?"고 얘기를 꺼냈다가 오랫동안 함께 일해온 필리핀

직원들이 "다들 입이 튀어나오"더란다. 공장주가 평소에 "친형처럼 대해주고 친동생처럼 대했"어도, 정작 어려움에 처했을 때 이주노동자들에게서 아무런 도움도 받을 수가 없어 서운한 감정과 함께 배신감도 생긴다.

"제일 열받는 게, 그만둘 때 미리 말을 안 하고 어느날 갑자기 연락도 없이 안 와버려요. 미리 말을 해주든가, 아무 말도 없이 안 나오면 우린 어떡해요? 당장 사람을 구해야 하는데. 그럴 땐 아주 열받아요. 내가 돈을 못 쓰더라도 외국 애들한테 항상 월급날 맞춰서 돈 해주고 했는데, 애들은 그런 사정을 전혀 안 봐주니까요. 말도 없이 그만두고 친구 따라 부산으로, 안산으로 가버리는 거죠. 자기 월급만 챙겨받고 월급 더 준다는 데로 그냥 가버리는 거예요."

그래도 단속이 심할 때는 자신의 공장에서 일하는 이주노동자를 보호하기 위해서 공단 바깥에 집을 구해 출퇴근시간마다 데려오고 데려다주는 사장도 있다. 방글라데시의 라자 씨(36세, 남)는 2008년 출입국관리사무소의 대대적인 단속 때 공장에서 일하고 있었는데, 단속반원이 공장 안으로 들이닥치자 2층에서 창문으로 뛰어내려 공장 옆에 있는 기숙사 1층 지붕으로 떨어졌다. 다행히 단속반이 그를 발견하지 못해 잡혀가진 않았지만, 그때 겪은 공포가 그에겐 한국 생활을 정리하고 본국으로 돌아가야겠다는 결심으로 이어졌다. 그러나 공장주의 만류로 공장에서 계속 일하게 되었는데, 공장주는 그에게 "공장 기숙사 생활을 하지 말고 마석역 인근에 방을 구하라"고 제안했다. 그 후 공장주는 날마다 그를 자기 차로 출퇴근시켰다.

이와 반대로 필리핀의 리처드 씨(33세, 남)의 공장은 공단에서 떨어진 외곽의 월산리로 옮겨갔다. 공장주가 이전한 공장 내 기숙사를 제공했지만, 리처드 씨는 공장을 따라가지 않고 공단에 남았다. 그러자 공장주가 공단까지 차를 몰고 들어와 그를 출퇴근시켰다.

반면 이주노동자들은 공장주에 대해 "특별히 할 얘기가 없다"고 말한다. 하고 싶은 말이 있어도 그것을 일일이 말하기가 불편할지도 모른다. 그래서인지 회식에 대한 얘기를 주로 한다. "사장님이 가끔 회식하자고 하면" 보통 공장 부근에 있는 식당에서 "삼겹살 파티"를 한단다. 돼지고기를 못 먹는 방글라데시 이주노동자에게 닭고기를 시켜주기도 하지만, 그렇지 않은 적도 많다. 하니프 씨는 자신의 공장에서 방글라데시 사람들을 배려해주는 문화나 마음 씀씀이가 전혀 없다고 얘기한다. 회식 후에는 노래방을 가는데, 이주노동자들은 자기 나라 노래를 부를 수 없어 억지로 한국 노래를 부르거나, 남들이 하는 노래를 듣다가 온다.

함께 일하는 한국인 노동자는 어떨까. 일단 공단의 한국인 노동자는 드물다. 가끔 눈에 띄는 사람들은 보통 30대 중반 이상으로, 이들은 관리직이나 기술직, 공장장으로 일하는 사람들이다. 이들 중에는 자신들보다 지위가 낮거나 나이가 어린 이주노동자에게 윽박지르거나 권위를 내세워 감정을 상하게 하는 이들도 있지만, 사정을 헤아리며 조언자 역할을 하는 사람도 꽤 있다. 요긴한 한국 생활 정보를 제공하거나, "술 많이 먹지 마"라든가 "돈 모아서 얼른 고향 가야지"라고 말해주곤 한다.

그러나 공장 내에서 다수가 이주노동자라면 상대적으로 소수인 한국인으로선 외톨이가 되는 느낌을 받을 수 있다. 이주노동자들이 자기들 나랏말로 웃고 떠들며 얘기를 하면 한국인은 혼자 못 알아듣는 처지가 된다. '나를 욕한 게 아닐까' 하는 오해가 여기서 비롯되기도 한다. 그러다 갈등이 깊어지면 드물게 폭행사건이 발생한다. 주로 지시사항을 '제대로 따르지 않았다'거나 '무시했다'는 이유다. 폭행사건이 일어나면, 보통은 이주노동자가 피해를 보는 쪽이다. 어차피 미등록 이주노동자가 연루된 상태에서 사건 신고를 하면 이주노동자는 강제출국을 당하는 것으로 마무리되기 때문이다.

이주노동자와 공장 밖의 한국인

이주노동자들 사이에서 한국은 어떤 나라로 비쳐질까. 2013년 5월 11일 저녁, 마석가구공단에서 열린 '다문화가족 음악회'에서 네팔의 샤말 씨(48세, 남)를 우연히 만났다. 행사 시작 전 방글라데시, 필리핀 음식이 준비된 저녁식사 때 샤말 씨와 같은 테이블에 앉게 되었다. 그는 23년 전에 한국에 왔다. 처음엔 한국말을 몰라 식용유를 사러 갔다가 대충 눈치껏 집어온 것이 '퐁퐁(주방세제)'이었단다. 초창기의 웃지 못할 사연은 한두 가지가 아니지만, 이제는 모두 지나간 옛일이다. 지금은 한국말도 잘하고 한국 음식도 익숙해졌고, 한국이 좋아졌다. 하지만 한국 사람이 일하려 하지 않는 제조업 분야에서 일해왔는데 자신들을 여전히 추방 대상으로 대하는 한국 정부의 입장이나 범죄자로 취급하는 한국인들의 태도가 서운하다고 샤말 씨는 하소연했다. 샤말 씨에게 한국은 정들었지만 서운한 나라다.

이주노동자들이 실제 생활에서 마주치는 한국인들은 주로 공단 사람들이다. 공장주와 거래처 사람들을 제외하면 공단 내의 한국인들로는 마트와 식당 주인 등 소상인과 집주인 정도다.

공단 내 슈퍼와 마트에서는 이주노동자들을 대상으로 단골을 확보하기 위해 서로 가격경쟁을 하기도 한다. 대부분 단골에게는 외상을 허용하고 장부를 따로 관리했다가 월급날이 지나 외상값을 받는다. B마트의 경우, 단골의 국가별 특별행사나 경조사가 있을 때마다 음료수나 물건, 축의금 등으로 '관리'를 해왔다. 그러니 자기 가게의 단골이 다른 가게로 가면 주인은 그 이유를 궁금해하면서 배신감을 느낀단다. 게다가 공단에 단속이 잦을 때는 마트들도 손해가 많다. 단골이 갑자기 출국당하면 외상값을 받을 길이 막막해진다. 본국에 돌아가서 갚은 이도 있지만 말이다.

이 마을에 오래 살아온 선주민인 최희숙 씨는 타국에 와서 고생하는 젊은이들을 보면 짠해진단다.

"외국 애들, 우리한테 요만큼도 해코지 안 해. 우리도 저들한테 해코지 안 하고. 처음에는 필리핀 애들이 먼저 왔잖아. 필리핀 사람들, 우리 교회에서 지금도 같이 미사 드리고 하는데, 다들 착해요. 난 외국 애들 만나면 '얼른 돈 벌어서 고향에 돌아가라'고 말해요. 외국 애들, 돈 벌러 타국 땅에 왔잖아. 어떤 이는 높은 학교까지 공부하고선 여기까지 돈 벌러 왔는데, 내 자식이 중하면 남의 자식도 중한 거지. 다 그래 사는 거지. 인간이 더불어 살아야지."

그런데 최희숙 씨는 이들과 어울려 살다보니 한 가지 안 좋은 점이 있다고 말한다.

"외국 애들이 한 가지 버릇은 나뻐. 열매 생기면 다 따다 처먹어. 앵두고 호박이고 열리면, 다 따가지고 가서 먹어버려. 그걸 뭐라고 할 수도 없는 게, 누가 따먹는지 알아야 뭐라고 하지. 그냥 따먹는 걸. 잡으려면 앞을 잡아야지 뒤를 잡으면 안 되잖아요. 한날은 우리 앵두가 엄청

예쁘게 열렸는데, 그걸 싹 다 따간 거야. 어찌나 허전하던지. 앵두나무 쳐다보며 나 혼자 막 씨부리다가 말아버렸어. 열매가 열려서 따간 걸, 서운하긴 해도 따간 놈들이 맛있게 먹음 되지 뭐, 허허."

예전부터 대부분의 건물주는 세를 준 공장에서 나쁜 소문이 돌면 공장주에게 한마디씩 했다. 타국에 와서 젊은 사람들 고생하는데, 월급은 제때 좀 챙겨주라든가, 욕하고 그러지 말라든가 하는 충고다. 이주노동자들이 공단에서 떠나버리면 자신들의 생활기반인 임대업도 흔들리기 때문이다. 그래서 이정호 신부는 마석가구공단을 소개하면서 한센인 건물주, 공장주, 이주노동자들이 마석가구공단의 '삼위일체'라고 농담을 하곤 한다.

이주노동자와 지원단체

이주노동자 사이에서 '해결사' 역할을 해온 샬롬의집 실무자들의 한결같은 얘기 중에, 이상하게 이주노동자들은 "고맙다"는 표현을 잘 안 한다는 점이 특이했다. "고맙다는 말을 들으려고 하는 일은 아니지만, 그래도 최선을 다해 수많은 임금체불과 의료 문제 등을 해결"해주었어도, 이주노동자들로부터 진심 어린 감사의 밀을 듣기가 쉽지 않았다는 것이다. 그러나 본국으로 돌이가는 이주노농자들 중 일부는 마석가구공단을 떠나는 길에 그동안 도움을 받았던 샬롬의집에 인사를 하러 와서는 교회를 향해 진지하게 절을 하기도 했다. 20년 넘게 이주노동자들을 지켜본 이정호 신부에게도 이런 모습은 "인상적으로 기억에 남는 일"이었다고 한다.

이주노동자 커뮤니티가 형성되고 장기체류하는 노동자들이 늘면서,

최근에는 샬롬의집이 이들의 대리자 역할을 하기보다는 이주노동자들과 상호보완적인 관계를 이뤄가는 방향으로 발전하고 있다. 공단 내의 이주노동자들이 자국의 명절, 독립기념일, 종교적 행사 등을 자체적으로 기획하고 주도해가면서 이들의 커뮤니티는 지원단체와 별도로 자생력을 키워가는 중이다.

억척엄마의 마석살이

알로 씨(28세, 여)가 남편과 전화결혼을 한 것은 고등학교를 막 졸업한 열일곱 살 때, 2002년 7월이었다. 공부를 더 해서 의사가 되고 싶었지만, 가정형편이 넉넉하지 못해 대학을 가지 못했다. 알로 씨보다 열 살이 많은 남편은 한국에서 일한다고 했다. 이웃집 아저씨의 소개로 집안 어른들 사이에 결혼 이야기가 오갔다. 내부분의 방글라데시 여성들은 집안에서 남편감을 징해주면 그대로 따랐기 때문에 그도 남편을 운명처럼 받아들였다. 결혼을 한 뒤 시집에 들어가 '남편 없는 신혼생활'을 시작했다. 알로 씨는 남편을 기다리며 사느니 남편에게 가서 함께 사는 게 낫겠다 싶었다. 그래서 남편더러 자신을 한국으로 불러달라고 얘기했다. 결국 시집살이 3개월 만에 시부모의 허락도 받아냈다.

2002년 10월에 그는 브로커를 따라 한국에 왔다. 인천공항에 내린 뒤 브로커가 전철역까지 안내해주었는데, 거기서 남편이 기다리고 있었다. 사진으로 이미 얼굴을 익힌 터여서 남편과의 첫 만남이 낯설지는 않았다. 그러나 남편을 따라가면 이제 돈을 벌어야 한다는 게 얼떨떨했다. 방글라데시에 있을 때 알로 씨는 학교만 다녔고, 어머니가 집안일을 다 해주어 육체적으로 힘든 일을 해본 적이 없었기 때문이다.

그는 남편을 따라 마석가구공단에 왔다. 마석에 오자마자 여독을 풀 겨를도 없이 바로 일을 시작했다. 자신이 다니는 전기매트 회사에서 아내가 일할 수 있도록 남편이 사장과 미리 얘기를 해놓은 터라 알로 씨는 남편을 따라 출근했다. 남편은 당시 월급 70~80만 원 정도를 받았고 알로 씨는 60만 원을 받았다. 월급을 받으면 돈 관리는 남편이 모두 알아서 했다. 고생을 해본 적 없던 알로 씨에겐 일이 너무 힘들었다. 부모님과 고향 생각이 나면 밤에 아무도 몰래 혼자 울기도 했다. 그러나 남편과 평생 같이 살아야 하고 한국에서 일하기로 했으니 조금씩 적응할 수밖에 없었다.

그렇게 7개월 일했는데, 그 공장이 망해서 다른 곳으로 옮겼다. 임금체불이 계속되어 마지막 두 달치 월급은 끝내 받지 못했다. 새로 옮긴 직장 역시 전기매트를 만드는 공장으로, 여기서 5개월 일하고 나니 공장이 또 문을 닫아 새로운 일자리를 구해야 했다. 이번엔 여관 납품용 가구를 제작하는 회사였는데, 4개월 일하고 또 공장이 망했다. 적응을 할 만하면 일터를 옮겨야 했다.

다시 구한 일자리는 유리공장으로, 거기서 4년을 일했다. 알로 씨는 손이 점점 빨라지면서 월급 110만 원을 받았다. 그 유리공장에서는 임금체불 없이 안정적으로 일할 수 있었다. 그런데 아기가 생겼다. 알로 씨는 임신 9개월 때 출산 준비를 하며 유리공장을 그만두었다. 고생 모르고 자란 17세 소녀가 결혼을 하고 외국에 와서 한 남자의 아내와 미등록 이주노동자로 살다가 이제 엄마가 된 것이다.

스물두 살의 알로 씨는 오똑하게 잘생긴 아들을 낳았다. 한국에서 아기를 키우려면 어떻게 해야 하는지 걱정이 많았다. 아기가 어릴 때 고향으로 돌아가야 하는 게 아닐까 남편과 고민도 했다. 하지만 알로 씨가 한국에 올 때 남편이 브로커에게 낸 비용을 생각하면 돈을 더 벌어야 했다. 알로 씨의 남동생이 한국에 올 때도 남편이 돈을 보탰다. 브로커 비용으로 1200만 원가량 필요했는데, 알로 씨의 아버지가 마련한 돈으론 부족했다. 알로 씨의 시동생까지 브로커 비용을 쓰면서 마석가구공단으로 왔다. 가족이 모두 큰돈을 들여서 입국했기 때문에 빚을 갚고 돈을 더 벌어서 가려면 알로 씨도 아이가 어느 정도 클 때까지 한국에 있어야 할 것 같았다.

알로 씨 부부가 사는 집은 가구공단 새동네의 방 두 개짜리 셋방으로, 거실과 부엌이 있고 화장실이 딸려 있다. 알로 씨 부부는 그곳에서 신혼생활을 시작해서 12년을 살았다. 알로 씨의 시동생과 남동생도 그 집 문간방을 썼다. 다행히 새동네에는 방글라데시 부부들이 많이 살았다. 친한 친구가 된 사람도 있었고, 육아에 관한 여러 가지 도움말을 해주는 사람들도 있었다. 바로 앞집의 알리이 씨(29세, 여)는 알로 씨보다 1년 먼저 딸을 낳아 기르고 있어서 알로 씨에게 큰 도움이 되었다.

알로 씨는 2년 동안 집안 살림과 육아에만 전념하다가 샬롬의집 무지개보육실에 아이를 맡길 수 있게 되자 그때부터 가구공장 일을 시작했다. 그는 가구제작 과정에서 타카와 가구 조립, 무늬목 붙이기 등의 일을 하면서 월급 120만 원을 받았다. 같은 공장의 남성들 임금보다 20~30퍼센트 적었다.

알로 씨의 아들 파루키는 샬롬의집 보육실에 잘 적응했고, 저녁에 집에 오면 엄마와 함께 방글라데시 말을 익혔다. 알로 씨는 아들의 교육에 엄격한 편이었다. 한국 아이처럼 한국말을 잘하는 파루키에게 하루도 빼놓지 않고 방글라데시 말과 글을 가르쳤다. 방글라데시 동화를 인터넷으로 다운받아 프린트해 보여주었다. 일상대화뿐 아니라 방글라데시 말을 쓰고 읽을 수 있게 매일 신경을 쓴 것은 단속으로 언제 돌아갈지 모르는 현실 때문이었다. 아직 어린 파루키가 자기 나라 언어를 익히는 데 게으름을 피울 때마다 "파루키, 좋은 사람, 좋은 남자 돼야지?"라고 한마디하면 잘 따라온다. 파루키에겐 '좋은 사람'이 되는 게 무척 중요했고, '좋은 사람'이 되는 게 꿈이었다.

또래의 아이들보다 덩치가 큰 파루키는 무럭무럭 자랐고, 먹성이 좋아 방글라데시 음식과 한국 음식을 골고루 잘 먹었다. 다만 방글라데시 사람들은 돼지고기를 먹지 않기 때문에, 먹성이 좋은 파루키가 샬롬의집 무지개보육실에 다니며 점심때 돼지고기가 나왔을 때 군침을 흘리지 않도록 알로 씨는 주의를 준다. 평소에도 '돼지고기는 안 먹는 것'으로 교육을 시켰다.

파루키에겐 방글라데시 삼촌이 많아 삼촌들 사이에서 귀여움을 독차지했는데, 외삼촌과 친삼촌의 친구들도 모두 삼촌이고 파루키 아빠와 친한 아저씨들도 모두 삼촌이었다. 그래서 방글라데시 삼촌들이 가끔 단속에 걸려 마석을 떠나면 파루키에게 이별 선물을 보내주기도 했다. '단속'과 '비자'는 주위 어른들이 자주 사용하는 단어였지만, 아직 어린 파루키는 그 말들이 무슨 뜻인지 의문을 갖지 않았다.

그런데 파루키는 다섯 살 때 이상한 일을 겪었다. 아빠가 가곡리에 있는 친구집에 파루키를 데리고 갔는데, 친구가 집에 없어 친구가 올 때까지 잠시 주변을 돌아다녔다. 그러다 길에서 출입국관리사무소 직원에게 덜컥 붙잡힌 것이다. 전혀 예상치 못한 일이었다. 어린 파루키는 아빠와 함께 봉고차에 실려 출입국관리사무소로 이송되었다. 파루키 아빠는 도움을 요청하기 위해 방글라데시 커뮤니티의 이끄발 씨에게 연락을 취하고, 이끄발 씨는 샬롬의집에 도움을 요청했다. 다섯 살짜리 아이까지 연행해간 일이 방글라데시 사람들에게 알려지자, 파루키를 귀여워하던 삼촌과 이웃들은 모두 울었다. 알로 씨에게도 곧 이 소식이 전해졌고, 설마설마 하던 일이 현실로 다가오자 눈앞이 캄캄했다. 아무 것도 모르는 파루키가 아빠와 함께 단속차량에 실려 갔다는 사실에, 이 날 알로 씨는 한국에 와서 참았던 눈물을 다 쏟아낼 만큼 울었다.

샬롬의집 실무자들이 출입국관리사무소와 연락을 취해, 인도적 차원에서 어린 아들은 우선 마석으로 돌려보내달라고 설득했다. 출입국 직원들도 다섯 살 아이를 잡아온 것에 대해 내부 검토를 한 뒤에 다음 날 가구공단 입구에 있는 '오렌지팩토리' 앞에 파루키를 내려주기로 했다. 아빠와 출입국관리사무소에서 하룻밤을 보낸 뒤 파루키는 가구공단으로 돌아왔지만, 아이의 마음엔 그때의 일이 잊을 수 없는 충격으로 남은 듯하다. 알로 씨 역시 이때 일이 기억하기 싫은 상처로 남아 있다.

파루키가 집으로 돌아온 건 다행이었다. 그러나 알로 씨는 남편이 그대로 강제출국을 당하면 어떻게 살아야 할지 불안해서 견딜 수 없었

다. 이 일에 대해 샬롬의집에서 출입국 관계자들과 협상을 했고, 불법체류에 대한 벌금 1천만 원을 내면 일시보호해제라고 해서 출국이 잠시 유예되는 조건으로 파루키 아빠는 풀려나기로 했다. 알로 씨는 갑자기 큰돈을 마련해야 했는데, 어디서 어떻게 돈을 구해야 할지 막막했다. 주변에서 사정이 되는 대로 돈을 빌려주었다.

그런데 2008년 단속 이후 늘 긴장하고 있던 동네 사람들은 파루키 아빠가 마석으로 돌아오면 뒤쫓아 단속이 들어올까봐 불안해하는 표정이 역력했다. 특히 이웃으로 친하게 지내던 사람들마저 "그 한 사람 때문에 다른 사람까지 잡혀가면 어떻게 해?"라고 파루키 아빠를 멀리하려는 말을 했을 때, 알로 씨는 배신감을 느꼈다. 결국 파루키 아빠는 다른 사람들을 위해 한 달 동안 다른 동네로 가 있다가 가족의 품으로 돌아왔다. 그 일이 있고 난 뒤부터 파루키는 가끔씩 "엄마, 난 왜 비자가 없어?" 또는 "알라 신은 왜 우리를 불법으로 만들어줬어?"라고 물었다.

한국에 와서 일하는 동안에 알로 씨는 남편과 함께 번 돈으로 다카 시내에 땅을 샀고, 그 땅에 집을 짓기 시작해 곧 완공을 앞두고 있었다. 다카 시내에 가게도 두 군데 구입해 임대를 시작했다. 건축 중인 집은 부부 공동의 소유로, 가게는 남편 소유로 되어 있다. 알로 씨는 파루키가 곧 초등학교 입학을 앞두고 있기에 2013년 가을쯤엔 아이 교육을 위해서 돌아갈 계획이었다.

그러나 솔직한 심정으론 방글라데시에 "돌아가고 싶지 않다"고 고백한 적이 있다. 방글라데시는 일단 날씨가 너무 덥고, "전기가 너무 왔다 갔다" 한단다. 전기가 한 시간 들어왔다가 두 시간 안 들어오는 일이 잦았다. 게다가 알로 씨가 기억하는 다카는 사람도 너무 많고 공단보다도 먼지가 더 많아 차라리 마석 생활이 편하다는 생각을 하고 있었다. 아들 파루키도 어릴 때부터 방글라데시는 뭔가 불편한 게 많다는 이야기를 듣고 자라서인지 방글라데시에 가고 싶어하지 않았다.

2012년 9월, 샬롬의집 운동장에서 열린 방글라데시 이드 축제 때 알로 씨는 사회를 맡았다. 집과 일터에서 보여주던 말없고 수줍은 방글라데시의 일반 여성과는 확실히 다른 이미지였다. 행사 때 입은 화려한 의상은 방글라데시의 아버지가 딸을 위해 보내준 전통의상 중에서 고른 것으로, 그의 집에는 아버지가 보내준 방글라데시 전통의상들이 옷장 서랍마다 진귀한 보물처럼 보관돼 있었다. 팔과 가슴 윗부분이 살짝 비치는 검은색 망사와 장식이 달린 드레스형 전통의상 등을 입으면 알로 씨만의 특별한 미모도 빛을 발했다.

그런 알로 씨에게 2013년 6월 4일 오전 10시 30분경에 악몽이 실제로 닥쳐왔다. 동료 직원이 커피를 타서 공장으로 들어오는데, 갑자기 그 뒤에서 "잡아!" 하는 소리가 들렸다. 단속반이 들이닥친 것이다. 도망갈 틈도 없이 공장에서 일하던 여섯 명의 이주노동자 전원이 출입국 단속반에 연행되었다. 알로 씨는 그 자리에 주저앉아 "저는 아이가 있어요, 봐주세요" 하며 빌었다. 하지만 단속반원들은 알로 씨의 팔다리를 들어 차에 실었다. 공장에 단속반이 올 거라는 예상을 전혀 못 하고 있다가 갑자기 당한 일이라 눈앞이 캄캄했지만, 알로 씨가 아이엄마라는 점에서 단속반들은 그날 오후에 일단 '자진출국을 조건으로 한 귀가조치'를 내렸다. 하지만 같은 공장에서 일하다 잡힌 알로 씨의 남편은 화성보호

182

소에 있다가 즉시 강제출국을 당했다.

알로 씨가 10여 년의 한국 생활을 정리할 수 있도록 주어진 시간은 한 달이었다. 귀국하기 며칠 전, 샬롬의집 실무자들과 연구자, 작가가 서울 인사동에서 환송회를 열어주었다. 알로 씨와 파루키는 낮부터 인사동 거리를 처음으로 구경했다. 다 같이 한식당에서 저녁을 먹고, 팥빙수를 먹으러 간 카페에서 연구자 한 분이 파루키에게 샌들을 선물했다. 파루키는 신나게 받으면서도 "샌들보다 운동화 신고 싶은데" 하며 가볍게 투정을 부렸다. 알로 씨는 "지금 방글라데시는 너무 더워서 운동화 못 신는다"고 주의를 주었다. 계산을 하고 나오는데, 카페의 주인이 한국에서 태어나 자란 파루키를 보며 "외국 아이가 한국말을 너무 잘하네요"라며 신기해했다. 하지만 대체로 아이들은 부모의 나라로 돌아가 석 달만 지나면 한국말을 다 잊는다고 한다.

알로 씨는 아들 파루키와 함께 7월 18일 오후 1시 55분 비행기로 한국을 떠났다.

6장

또 다른 공간, 본국과 타국

당장의 의사소통을 위해, 또한 귀국 후 사업 준비를 위해 한국어교실을 다닌다.(위)
10년 넘게 만나지 못한 아이들은 인터넷을 통해서 안부를 묻고 소식을 듣는다.(왼쪽)

귀국 준비를 하며 기술을 배우지만 신분상의 제약으로 어렵고 본국 사정과 맞지 않을
때도 많다.

〈코리안 드림〉은 한국에 일하러 온 이주노동자들의 현실을 드러내는 영화로, 제9회 알자지라 국제 다큐멘터리 영화제에서 단편 부문 심사위원상을 받았다.

'그나마 팔자가 좋아서' 떠난 고향

방글라데시 수도 다카에서 삼남매 중 장남으로 태어난 이끄발 씨는 고등학교 시절까지 도시의 중산층 가정에서 별 어려움 없이 성장했다. 졸업 후 국립대학교에 지원했으나 낙방하고 말았다. 취업을 생각했지만 경제사정이 좋지 않은 방글라데시에서 적당한 일자리를 구하기란 쉽지 않았다. 그때 마침 마석에 있던 외삼촌이 한국에 올 것을 권유했다. 가족의 생활고를 해결하기 위해 한국에서 이주노동을 하고 있던 외삼촌은 그전부터 이끄발 씨의 부모에게 한국에서 돈을 벌면 어떻겠냐고 제안했지만, 아버지는 건강이 좋지 않아 결심을 못 하고 있던 터였다. 이끄발 씨는 아버지 대신 한국에 가기로 마음먹었다. 방글라데시에서는 전통적으로 맏아들에게 거는 기대가 큰 데다, 이끄발 씨에겐 책임질 동생들도 있으니 돈을 벌기로 했다. 아버지는 그의 계획을 존중해주었고, 외삼촌이 소개해준 브로커를 통해서 일주일 만에 여권과 관광비자 등을 만들어주었다. 당시 아버지가 들인 비용은 한국 돈으로 600~700만 원가량 되었다. 2000년 겨울, 이끄발 씨는 외삼촌이 있는 마석가구공단에 일하러 왔다.

차크마 씨(34세, 남) 역시 집안의 장남이었다. 방글라데시에 있을 때 부모님과 동생 네 명의 생계까지 떠맡았다. 차크마 씨는 재래시장에서 작은 가게를 운영했는데, 그가 번 돈으로는 여섯 식구가 먹고살기에 너무나 빠듯했다. 그는 "한국에 가서 돈 벌고 있는" 친구들 소식을 가끔씩 전해 들으며 마침내 한국행을 결심했다. 친구를 통해 브로커를 소개받았는데, 그러고 나서도 한국에 입국하기까지 몇 개월을 기다려야 했다. 1996년에 차크마 씨가 관광비자로 한국에 올 때 브로커 비용은 6천 달러로, 당시 한국 돈으로 500만 원이 약간 넘었다. 한국에 들어와서는 친구의 소개로 마석가구공단으로 왔는데, 자신이 생각했던 한국과 너무 달랐다. "깨끗하고 쾌적한 환경에서 작업복 같은 것을 입고 일하는" 모습도 아니고, 멋진 건물에 도로도 깔끔한 그런 도시도 아니었다. "원래 이렇게 사는 거야, 이렇게 살아야 돈을 벌어"라고 친구가 충고해주었다. 다행히 공단 안에는 고향 사람들이 많아서 적응하기는 쉬웠다. 처음에 그는 55~60만 원 정도의 월급을 받았고, 가족의 생활비도 챙겨 보내야 했기에 브로커 비용을 모두 갚기까지 꼬박 2년 6개월이 걸렸다.

방글라데시에서 온 티샤 씨는 본국에 있을 때 지금의 남편과 결혼했다. 그런데 결혼한 지 25일 만에 남편이 한국으로 떠났다. 시집에서 생활하며 결혼 초에 생긴 딸을 낳아 길렀는데, 남편은 생활비를 딱 한 번 보내주고 감감무소식이었다. 불안해진 티샤 씨는 한국에서 이주노동을 하고 있는 친오빠들에게 남편 소식을 알아봐달라고 부탁했다. 그런데 전혀 예상하지 못한 소식을 들었다. 남편이 한국 여자와 사귀고 있다는 거였다. 티샤 씨는 남편을 만나 확인하고 싶었다. 그게 사실이라면 딸을 위해서라도 스스로 돈을 벌어야겠다고 결심했다. 어린 딸은 언니에게 맡기기로 하고 한국에 왔다. 여권과 비자 문제를 해결해주는 조건으로 브로커에게 1천만 원 정도를 지불했는데, 한국에 입국하자마자 브로커에게 여권을 빼앗기고 그날로 '불법체류자'가 되었다. 오빠와 연락을 취해 남편이 마석가구공단에서 일하고 있고, 시동생들도 남편과 같이 있다는 것을 알았다. 마석으로 찾아와보니 남편은 한국 여자와 헤어진 상태였다. 하지만 티샤 씨는 남편이 다른 여자를 사귄 일로 이혼할 생각은 없었다. 대부분의 방글라데시 여성들은 전통적인 규범을 따르는 편이라 웬만해선 이혼을 하지 않는다.

네팔의 부톨에서 태어나고 자란 아유시 씨에겐 집안의 경제상황이 문제가 되지는 않았다. 타카리족 대부분의 여자가 결혼 후엔 집안일과 육아로 점철된 삶을 사는 게 못마땅했다. 한마디로 어머니처럼 살고 싶지 않았을 뿐이다. 여자도 자신이 하고 싶은 것을 하려면 돈과 직업이 필요하다는 생각을 늘 품고 있었다. 그러던 중 동네 사람 몇몇이 한국에 가서 돈을 번다는 소문이 생각났다. 아유시 씨는 떠나기로 마음먹었다. 하지만 결심을 어머니에게만 알리고 나머지 가족에겐 비밀로 했다. 인도 군인, 영국 군인으로 일하는 아버지와 오빠들은 "남자들은 외국에 나가서 일해도 되지만, 여자는 안 된다"고 생각하는 걸 누구보다 아유시 씨가 잘 알고 있었기 때문이다. 2002년, 스물다섯 살 아유시 씨는 브로커와 함께 사업비자로 한국에 입국했다. 브로커 비용으로 1천만 원가량 들었지만, 나중에 돈을 벌어서 갚기로 했다. 아유시 씨에겐 한국에서 어려운 일이 생기면 도움을 청하기 위해서 가져온 '동네 오빠'의 연락처가 낯선 땅에서 믿고 기댈 수 있는 유일한 끈이었다.

한국행을 결심하자마자 아버지의 '도움'으로 금방 한국에 올 수 있었던 이끄발 씨는 그나마 자신은 "팔자가 좋아서" 이주노동을 떠나왔다고 한다. 이슬람교를 믿는 방글라데시 사람들은 '운'이나 '팔자'를 믿는 편이고, 자신도 그런 편이라고 했다. 이끄발 씨와 마찬가지로 방글라데시나 네팔 등에서 온 이주노동자들은 "우리보다 더 가난한 사람들은 돈도 없고 정보도 없어서 외국으로 떠날 꿈도 꾸지 못한다"고 말한다. 이미 이주노동을 떠난 가족, 친척, 친구 등의 네트워크가 있어야 해당 국가에 관한 소식과 일자리, 임금 등의 정보를 접하고 이주노동을 결심하는데, 그런 정보를 접하기 어려운 사람들은 이주노동을 고려하기도 어렵기 때문이다. 게다가 브로커 비용도 만만치 않아 아무나 갑자기 그런 목돈을 마련할 수 있는 게 아니라서, 최소한 친척이나 주변 인맥을 통해서 돈을 빌릴 정도는 되어야 한다.

이끄발 씨는 13년간의 한국 생활이 2013년 단속으로 갑작스럽게 끝났다. 차크마 씨도 마석에서 7년간 일하다 역시 단속 때문에 귀국했다. 아유시 씨는 한국에서 결혼한 '동네 오빠'가 단속으로 추방되고 나서 6개월 만에 딸과 함께 고향으로 돌아갔다.

기나긴 이주의 여정

필리핀 출신 에이미 씨와 제니 씨(49세, 여)는 한국에 오기 전 이미 이주노동 경험이 있는 사람들이다. 에이미 씨는 대학 졸업과 동시에 해외로 나갔다. 대학을 다니는 동안 호주에서 6개월 인턴으로 일한 적이 있고, 그 후 5년 동안 호텔에서 플로리스트로 일했다. 법적으로 정해진 2년이 지난 뒤에도 계속 일하기 위해서 호주 남성과 위장결혼을 했는데, 그 대가로 3개월치 월급에 해당하는 돈을 주었다. 그렇게 호주 여권을 발급받아 5년 동안 그곳에 머무를 수 있었다. 필리핀으로 돌아온 뒤 에이미 씨는 다시 대만으로 건너가 현지 전기회사에서 6개월 일했다. 홍콩에서도 3개월 일하고 다시 필리핀으로 돌아갔다가, 한국에서 영어교사를 구한다는 소식을 듣고 1991년 겨울에 김포공항을 통해 입국했다.(필리핀 사람들은 브로커의 도움 없이 관광비자로 순조롭게 입국하는 경우가 많았다.)

그 후 영어 교사, 유치원 교사, 입주 영어 교사를 거쳐 컴퓨터 자수 공장 등에서 일했고, 2002년에 마석가구공단으로 와서 지금까지 신발

공장, 가구공장 등에서 일했다. 그동안 사랑하는 사람과 결혼한 적은 없지만 마석에서 만난 다른 나라 출신 남자친구가 있었다. 그러나 그도 2012년 겨울에 본국으로 돌아갔다. 그래도 에이미 씨는 마석이 편하고 좋아서 이곳에서 일할 수 있을 때까지 계속 일할 예정이다.

가난한 농부의 딸로 태어난 제니 씨는 스무 살에 결혼하고 두 아이의 엄마가 되었는데, 스물세 살에 이혼했다. 가족의 생계에 대해 너무나 무책임한 남편을 견딜 수 없다는 것이 이혼 사유였다. 제니 씨는 아이들을 책임지게 되자 아르바이트를 했는데, 벌이가 너무 적어 앞날이 막막했다. 고민 끝에 부모에게 아이들을 맡기고 땅을 팔아 300달러를 들여서 사이프러스에 가정부 일을 하러 갔다. 그의 첫번째 이주노동이었다. 아침부터 밤까지 쉬지 않고 일하는 가정부 일이 너무 힘이 들어 1년 후에 재계약을 하지 않고 본국으로 돌아갔다. 그러고는 관광비자로 대만으로 건너가서 휴대전화 조립공장에서 5개월 동안 일했다. 단속으로 추방되지만 않았다면 거기서 계속 일했을 것이다. 이미 이주노동을 경험한 터라 일자리를 구하기 어려운 필리핀에서 계속 버티기 어려워, 또다시 돈을 벌기 위해 이번에는 한국행을 결심했다.

제니 씨는 당시 한국 돈으로 150만 원을 들여 1996년 12월에 경북 구미에 있는 반도체회사에 산업연수생으로 왔다. 이 회사에서 36만 원을 받으며 일하던 중, 여동생한테서 마석으로 가면 돈을 더 많이 벌 수 있다는 얘기를 들었다. 1997년 4월에 마석으로 와서 가구공장에 취직했다. 우연히 소개받은 한국 남자에게서 '책임감이 강한 남자'라는 느낌을 받고 그와 2004년에 결혼했다. 그 후 한국 국적을 딴 제니 씨가 남편과의 사이에 낳은 아들이 아홉 살이 되었고, 필리핀에 있던 그의 아들과 딸도 마석가구공단에 들어와 있다.

　한번 이주노동을 경험하면 그다음의 이주노동도 쉽게 선택하게 된다. 필리핀이나 네팔처럼 이주노동이 보편화된 사회에서는 이주노동이 또 하나의 선택지로 그 구성원들에게 꾸준히 제시된다. 에이미 씨와 제니 씨가 필리핀 여성 이주노동자의 전형적인 사례라면, 람 씨의 사정은 네팔 남자들에게 익숙한 이야기이다.

　람 씨는 열일곱 살 무렵 아버지의 권유대로 인도 군인이 되었다. 그는 공부에 특별한 흥미가 없었고 네팔에선 딱히 할 일도 없었기에 다른 선택을 하기 어려웠다. 아버지는 24년 동안 인도 군인으로 일한 경험을 들먹이며 "영국 군인에 비하면 인도 군인 월급이 적지만, 보너스가 있어 괜찮다"고 자주 얘기했다. 게다가 그의 고향에선 일할 나이가 되면 돈을 벌기 위해 해외로 이주노동을 떠나는 사람이 많았다. 람 씨는 스물세 살 때 휴가를 받아 누나의 결혼식을 보러 갔다가, 지금의 아내를 만나 이듬해에 결혼했다. 그런데 당시에 인도 군인으로 받던 월급은 한국 돈 75만 원 정도로, 다른 나라에 일하러 간 친구들에 비해 적은 편이었다. 람 씨는 이왕 남의 나라에서 일한다면 돈을 더 벌 수 있는 나라로 가고 싶었다. 아버지는 인도 군인을 그만두면 후회할 거라며 그를 말렸지만, 그는 결국 한국으로 건너왔다. 마침 한국에 와 있던 친구의 도움으로 다행히 브로커 없이 입국할 수 있었다. 1999년, 그는 스물여섯이었고, 딸아이는 두 살이었다. 김포, 안산, 의정부 등을 거쳐 2006년에 마석가구공단으로 왔다.

한국땅을 밟게 된 사정들

이끄발 씨와 차크마 씨 같은 방글라데시 남성들은 가족의 생계를 책임져야 한다는 부담 때문에 이주노동을 떠난다. 네팔에서는 람 씨의 예에서 볼 수 있듯이 집안의 남자들이 영국과 인도, 싱가포르 등에서 군인과 경찰 등으로 일하고, 그 자손들도 청년이 되면 대부분 아버지의 뒤를 잇거나 돈을 벌러 고향을 떠난다.

필리핀 출신 여성 중에는 한국에 오기 전 여러 나라에서 이주노동 경험을 한 경우가 많은데, 기혼 여성들에게는 남편이 본국에서 일자리를 찾지 못해 양육비용을 혼자 해결해야 하는 상황이 이주의 원인이 되기도 한다. 특이한 것은, 필리핀 여성은 남편이나 애인에 구애받지 않고 혼자 독립적으로 입국하는 반면, 방글라데시 여성들은 주로 한국에 먼저 와 있던 남편을 따라 들어오는 편이다. 한편 네팔 여성은 전통적인 여성의 삶에 안주하기보다 자기 삶의 변화를 추구하면서 이주노동을 선택하는 경향을 보인다. 방글라데시 사회는 외부와의 접촉이 드물어 전통적인 가족제도가 여전히 견고하지만, 네팔은 관광산업이 활성화되면서 여성들의 생각도 개방적으로 변화했기 때문인 듯하다. 그러나 마석의 방글라데시 여성들 중에는 남편이 단속되어 추방당한 뒤 혼자 또는 아이들과 남아 일하는 경우도 종종 있다. 본국으로 돌아간 남편은 실업상태가 되니 어쩔 수 없는 선택인 것이다.

청년들 중에서 일부는 생계형 돈벌이를 위해서라기보다는 모험과 도전정신으로 무작정 떠나온 경우도 있다. 방글라데시의 중산층 가정에서 자란 하니프 씨는 한국에 오기 전에는 고생이라는 걸 해본 적이 없었다. 대학에서 경제학을 공부하던 그는 방글라데시의 현실이 답답하게 느껴지고 공부에 큰 흥미도 느끼지 못해 돌파구를 찾던 중, 2005년에 무작정 한국행을 결심했다. 당시 외삼촌이 한국에서 '할랄 푸드(halal food)'[1] 사업을 하고 있었는데, 한국에 가면 외삼촌 사업을 도와주면서 편하게 지낼 것 같았다. 그래서 여행을 떠나는 기분으로 훌쩍 떠나왔다. 브로커 비용은 부모와 외삼촌이 반반씩 해결해주었다. 그런데 외삼촌이 본국으로 돌아간 2008년부터 고생이 시작되었다. 방글라데시로 돌아가면 더 암담할 듯했고, 일할 나이가 되었으니 무슨 일이든 해야 했다. 그는 세탁공장, 바지염색공장 등에서 일을 시작했다. 그러나 오래 버티지 못했다. 세탁공장 3일, 염색공장 일주일이 고작이었다. 그러곤 마석가구공단으로 왔다.

공장 기숙사에서 생활하며 이주노동자가 된 그는 공단 바깥으로 나가면 스스로 초라하고 비참하게 느껴질 때도 있다. 그러나 지금껏 해보지 않은 인생 경험을 겪으면서 나름대로 느끼고 배우는 것도 많다. 그는 틈틈이 자신만의 개성을 살린 영화 시나리오를 쓰고 있고, 영화에 출연한 적도 있으며, 아시아미디어컬쳐팩토리가 기획한 '이주민독립영화제작 프로젝트'를 통해 단편영화를 제작해 선보이기도 했다.

히니프 씨처럼 아무 계획 없이 무작정 왔다가 이곳에서의 경험을 통해 인생을 새롭게 배우고 뭔가에 도전하는 경우는 흔치 않다. 마석의 이주노동자들은 대부분 자기 나라의 빈곤과 실업 문제를 피해, 본인과 가족의 더 나은 삶을 위해 한국땅을 밟았다. 한국은 같은 '아시아권'인 데다, 일본보다는 사업장 이동이 좀더 자유롭다(일본은 임금체불이 거의 없지만, 사업장을 마음대로 벗어나기 어렵다)는 점에서 선호하는 편이라고 한다.

그러나 한국 입국을 결심했다고 아무나 쉽게 올 수 있는 것은 아니다. 필리핀 사람들은 관광비자로 입국이 가능해서 다른 나라 사람들에 비하면 상대적으로 이주에 드는 비용이 많지 않지만, 방글라데시, 네팔 등에서 온 사람들은 여권과 비자 문제 등을 해결해줄 브로커의 도움을 받지 않으면 입국을 하기 어렵다. 그래서 브로커 비용으로 800~1500만 원까지 빚을 지고 온다. 가족이나 친척, 지인들이 십시일반 마련해준 돈은 한국에서 2년 이상 일해야만 갚을 수가 있다.

빚을 다 갚고 나면 그 후에 번 돈은 가족의 생계를 돕고, 동생들이나 어린 자녀들을 공부시키는 데 사용된다. 그러다 시간이 지나 본국의 가족들이 안정이 되면 자신이 살아갈 집을 짓고, 땅이나 건물을 사기도 한다. 이끄발 씨는 마석가구공단에서 13년 일하면서 동생들을 모두 공부시켰고, 돈을 모아 다카에 임대용 건물도 사두었다. 아유시 씨는 마석에서 돈을 모아 카트만두에 있는 집을 사서 재건축했다. 고향 부톨에도 본인의 이름으로 땅을 사두었다. 티샤 씨도 딸의 교육비를 부담하고 나서 이제는 다카에 사둔 땅에 집을 짓기 위해 돈을 번다.

이주노동자들은 주변 지인들과 한국인들에게 자기가 보내주는 돈으로 고향에서 짓고 있는 건물 사진을 자랑 삼아 보여주곤 한다. 한국에서 고생하는 만큼 본국에서 늘어가는 자산을 보면 뿌듯하지 않을 수 없다. 하지만 이들은 그 건물을 아직 실제로 본 적이 없다. 가족들이 보내주는 사진 속의 건물은 마석의 작은 방에 놓인 컴퓨터 화면에서만 존재한다. 한번 본국에 돌아가면 다시는 한국에 돌아올 수 없음을 잘 알기에 건물이 다 지어질 때까지 돈을 계속 부칠 것이고, 건물이 완성되어가는 동안 마석에서의 삶은 크게 달라지지 않을 것이다.

그러나 모든 일이 생각만큼 순조롭게 풀리는 것만은 아니다. 월급이 몇 달씩 밀리면 당장 가족에게 송금해야 하고 생활도 해야 하는데 답답하고 막막한 노릇이다. 다행히 마석에선 고향 사람들이 늘 주변에 살고 있어 우선 급한 대로 돈을 빌려 충당할 수 있다. 서로의 처지를 누구보다 잘 알고, 일자리를 구하면 돈을 갚는다는 신뢰가 쌓여 있기에 가능한 일이다. 그러나 그도 여의치 않으면 송금이 끊어지고, 그러면 송금으로 이어진 본국과의 관계도 위태로워진다.

필리핀의 안토니 씨는 한국에 와서 필리핀 여자와 결혼을 했다. 아내는 딸이 태어나자 아이를 데리고 귀국했다. 아내와 딸이 떠난 지 10년이 되었으니 갓난아기였던 딸은 어느새 열 살이 되었다. 지난 10년 동안 안토니 씨는 가구공장에서 일하며 가족이 본국에서 생활할 비용을 매달 송금해주었다. 가족이 떠난 뒤 소심한 성격의 안토니 씨는 일상의 스트레스와 우울함을 다른 사람과 어울려 풀기보다는 밤마다 혼자 술로 달래며 점점 더 알코올에 의존해갔다. 그러는 동안 가구공장에서 무거운 물건을 수시로 들어올리고 내리느라 몸도 많이 불편해졌다. 2012년 여름, 안토니 씨는 너무 힘이 들어 일을 그만두고 병원 검진을 받았다. 그런데 골반 뼈에 염증이 심하다는 진단을 받았다. 걸을 때마다 다리를 절뚝거리며 힘겨워하던 그는 결국 병원 신세를 지면서 골반 수술을 하게 되었다.

수술 전에는 일을 하기 힘들어 돈을 벌지 못했고, 수술 후에는 건강을 회복하고 알코올중독에서 벗어나려 애쓰느라 돈을 벌지 못했다. 당연히 그동안 아내에게도 송금을 하지 못했다. 그렇다고 자신에게 닥친 일을 사실대로 얘기할 수도 없었다. 그렇게 몇 달이 지나자 아내와 연락이 끊겨버렸다. 안토니 씨는 가족과의 갑작스러운 단절로 충격을 받고 절망에 빠졌다. 현재 안토니 씨는 공단 내의 친척집에 기거하면서 아르바이트 자리라도 알아보려 하지만, 자꾸 약해지고 흔들리는 마음을 다잡지 못해 슈퍼를 지날 때마다 소주를 사곤 한다.

귀환을 미루는 이유

한국에서 20년 이상 이주노동자로 살아온 네팔의 사티 씨와 필리핀의 에드워드 씨는 본국으로 돌아갈 생각을 하면 "과연 우리 집을 잘 찾아갈 수 있을까?" 하는 생각이 들 때가 있다. 20년이면 강산이 두 번 이상 바뀐 세월이다. 떠나올 때의 골목과 집들도 이제는 많이 변했을 테고, 길도 바뀌고 건물도 바뀌고 사람들도 바뀌었을 것이다. 어릴 때 헤어진 아이는 어느새 다 커버려서 부모의 얼굴을 못 알아볼지도 모른다. 고향을 떠나올 때 살아 계시던 부모님은 돌아가셨고, 고향을 떠날 때 청년이었던 자신의 나이도 이제 중년이라는 사실에 직면하게 된다. 게다가 처음에는 낯설었던 한국 생활에 지금은 익숙해져서 본래 자신의 고향이었던 그 땅이 오히려 낯설어진 것이다.

한국 생활 22년차의 사티 씨는 본국의 가족과 날마다 통화를 한다. 아내와는 주로 아이들 얘기가 화제가 되어 시시콜콜한 일상 이야기를 모두 나누지만, 아이들과는 아내만큼 자주 이야기를 나누지 못한다. 10년 이상의 시간은 사람들의 일상에 많은 변화를 주기 마련이어서 아이들의 모습도 몰라보게 변한다. 특히 갓난아기 때 부모와 헤어진 아이들은 자라면서 타국에 있는 부모를 '돈 벌어 주는 사람' 정도로만 인식할 뿐, 함께한 시간과 추억이 없기 때문에 낯설고 서먹한 대상으로 느끼기

쉽다. 타국에서의 시간이 길어질수록 이주노동자와 가족들의 관계는 이전과 많이 달라진다.

남편이 강제출국을 당한 뒤에 아이들과 남아서 돈을 벌어온 방글라데시의 수티야 씨도 '곧 돌아가야 하는데'라고 생각하면서 어느덧 10년을 지냈다. 큰아이는 스무 살이 넘었고, 둘째아이는 한창 질풍노도의 사춘기다. 큰아이가 중학교를 갈 즈음에도, 둘째아이가 중학교에 갈 즈음에도 수티야 씨는 '돌아가야지' 했지만, 돌아가지 못했다. 아이들을 위해 언제 돌아가는 게 가장 좋을지 고민을 하면서도 여전히 돌아가지 못하고 있다. 10년 전에 헤어진 아버지와 아이들이 어색하지 않을지, 무엇보다 아이들이 10년 전 떠나온 방글라데시에 잘 적응할 수 있을지도 걱정이다. 수티야 씨 본인에게도 10년 전과 같을 리 없는 방글라데시가 낯설긴 마찬가지다.

한국의 출입국 관련 법규는 미등록 이주노동자들이 출국한 뒤에 웬만해선 또다시 비자 발급을 받고 재입국하기 어렵게 되어 있다. 부모나 가족이 세상을 떠나도 당장 고향에 달려가지 못한다. 한국에서 돈을 벌어 본국의 가족을 먹여살리는 일이 효도인 셈이니, 지인들의 위로를 받으며 슬픔을 삭여야만 한다. 그런 현실 때문에 본국으로 돌아가기를 바라지만 한국에서 버틸 수 있는 만큼 버티고 싶어하는 것이다. 게다가 고생 끝에 이제 어느 정도 숙련공이 되어 돈을 벌 수 있게 되었는데, 그 기회를 버리고 돌아가기엔 미련이 많이 남을 수밖에 없다.

20대 후반에 한국에 와 14년을 산 람 씨는 이제 40대가 되었다. 그동안 부쩍 커버린 열여섯 살의 딸이 자랑스럽기도 하고, 빨리 보고 싶은 마음도 있다. 하지만 "기술을 배워도 써먹을 수 없으니까 네팔에 못

간다"고 한다. 가구는 상대적으로 고가의 상품이라서 일정 정도의 소비 수준이 되지 않는 사회에서는 수요가 없다. 그러니 네팔에서는 한국에서 배운 기술을 활용하기는커녕 일자리를 구하기도 힘들어, 그의 동생처럼 일자리가 있는 홍콩으로 떠나거나 다른 나라로 또다시 이주노동을 떠날 수밖에 없는 현실이란다.

이렇듯 이주노동자가 한국에 체류하는 시간이 길어질수록 돌아가려는 의지는 약해진다. 처음에 세웠던 구체적인 계획도 흐지부지되기 십상이다. 오히려 익숙해진 한국에서 좀더 오래 살 수 있는 방법은 없을까 궁리를 해보게 된다. 혹시 한국 정부에서 사면해주지 않을까, 혹시 한국어시험을 보면 장기체류할 수 있지 않을까 하는 막연한 기대가 있을 뿐이다.

귀국을 준비하기 위해 필요한 기술을 배우려 해도 일을 마치는 시간이 일정해야 하고 이동이 자유로워야 하는데, 마석의 미등록 이주노동자들은 두 가지 면에서 모두 제약을 받는다. 신분상의 제약으로 학원을 다니기도 어렵고, 자격증을 따기도 불가능하다. 이주노동자 지원단체 등에서 귀국 후의 삶을 준비하는 프로그램으로 제빵기술, 자동차정비, 미용기술 등의 프로그램을 마련하지만, 본국에 가서 이런 기술을 바로 활용하기 어렵고 본국의 상황과 맞지 않을 때가 많다.

한국에 있던 경험을 살려 한국어를 배우는 사람도 있는데, 고용허가제 등에서 한국어능력시험 성적을 요구하므로 이에 필요한 학원을 운영하거나 한국 관광객을 상대로 하는 여행사 등을 구상한 경우이다. 그밖에 옷가게, 슈퍼, 한국식당 등을 운영하거나 영업용 오토바이 임대, 버스 임대, 건물 임대 등을 시작할 계획을 세우기도 한다. 믿을 만한 가족에게 돈을 송금하면서 기반을 닦아놓아달라고 부탁하는 것이다. 새로운 기술을 독학으로 공부하는 젊은 사람들도 있다. 컴퓨터나 카메라를 잘 다루고 빨리 익힌다 싶으면, 본국에서 홈페이지 제작을 해주거나 결혼기념 사진을 전문으로 찍어주는 일을 생각하기도 한다.

그러나 개인적인 차원에서 극복하기 힘든 본국의 정치·경제 상황도 존재한다. 한국에서의 삶을 직간접적으로 체험한 이들에겐 자기 나라의 공무원 부정부패, 상대적으로 발전이 더딘 경제상황 등이 귀환의 의지를 흔들리게 하는 원인이 되기도 하는 것이다. 방글라데시, 네팔 등은 정치적 불안과 민주화 과정에서의 혼란이 계속되고 있고, 필리핀은 전세계적인 이주노동의 본산지라 할 수 있을 정도로 실업 문제와 빈곤 문제가 심각하다.

방글라데시의 경우 1983년 11월 이후 정치활동 자유화가 이뤄지면서 수많은 정당이 생겨나고 이합집산을 거듭해 현재까지 수십 개의 정당이 난립해 있다. 2013년 3월에 전범재판소에서 이슬람 정당인 '자마트-에-이슬라미'의 지도자(델와르 후세인 사예디)에게 사형선고를 내리자 이에 반발하는 이 당의 지지자들과 경찰이 충돌해 70여 명이 사망하는 사건이 발생했다. 그러자 이슬람 그룹('헤파사트 에 이슬람')은 2013년 4월 6일, 수도 다카에 모여 '이슬람을 보욕하면 사형'까지 처할 수 있는 '모독법' 제정 등 13가지 요구안을 정부 측에 제출했다. '대장정'으로 불린 이날 시위를 막기 위해 반이슬람 진영은 총파업을 벌여 다카로 들어오는 교통편을 끊었지만, 방글라데시 전역에서 이 대장정을 위해 20만 명 이상의 인파가 모여들었다. 이러한 상황은 해묵은 경제난에 대한 불만이 여당(아와미 연맹)이 정책을 반대하는 국민과 야당이 여당을 압박

하는 방식으로 드러난 것이다.

네팔 역시 1990년대 후반 이후 지금까지 매우 복잡하고 혼란스러운 정국이 계속되고 있다. 1996년 마오주의자들이 '인민전쟁'을 선포한 뒤 2006년 평화협정이 체결될 때까지 네팔은 정치적인 불안이 극심했다. 2001년 왕세자의 총격 사건으로 국왕이 사망하고 새로운 국왕이 즉위하는 등 왕궁에서의 비극적인 사건도 겪었다. 그 후 2006년에 왕정 폐지를 주장하는 시위가 확산되면서 2008년 4월에 마오주의 네팔 공산당의 주도로 왕정 폐지 선언과 공화국을 선포하며 과도정부를 설립해 총선을 실시했다. 그러나 새로운 정부가 개혁을 시도할 정치적·경제적 기반이 약한 데다, 공화국 정부는 마오주의 지도자였던 총리와 야당 출신 대통령의 갈등으로 1년도 되지 않아 무너졌다. 이전의 왕정은 끝났지만 왕족들은 여전히 국가연금을 쓰고 있고, 70여 종족이 겪는 문화적·종교적 갈등과 빈부격차도 문제다. 정치적·경제적으로 인도에 많은 것을 의존하면서 인도 관료들에게 꽤 많은 특권을 주고 있고, 기존 관료들은 부정부패에 젖어 있다.

필리핀은 국민의 80퍼센트 이상이 극빈층이다. 경제적인 부와 사회적 지위를 가진 소수의 엘리트 중심으로 정치가 이뤄지면서 정부 관리를 비롯한 공무원의 부정부패와 국민들의 빈부격차가 극심하다. 마르코스 정권의 장기집권과 부정선거에 대항하며 1986년의 시민혁명으로 코라손 아키노 신정부가 정권을 잡고 개혁정책을 추진했지만, 국민들이 체감할 만한 큰 변화는 일어나지 않았다. 게다가 급행료 등 돈을 지불하면 해결해주는 공무원의 고질적인 비리, 계속되는 일자리의 부족 등으로 많은 사람들이 이주노동을 선택할 수밖에 없다.

그래도 돌아간 본국에서

2013년 6월경, 방글라데시의 호세인 씨(38세경, 남)는 가구공단 입구 버스정류장에서 청량리로 가는 버스를 탔다. 그는 요즘 스마트폰 카메라로 사진 찍는 일에 재미를 붙여 버스 창밖으로 지나가는 풍경들을 카메라에 한 장씩 담았다. 몇 컷쯤 찍었을까, 갑자기 그의 옆에 있던 20대 한국 여자가 소리를 질렀다. "이 남자가 '몰카' 찍었어요!"라고 손가락으로 호세인 씨를 가리켰다. '몰카'를 찍혔다는 여자는 흥분하며 즉시 경찰에 신고했다. 경찰이 출동되고, 호세인 씨는 버스에서 그대로 경찰에 잡혀갔다. 경찰이 조사한 결과, 호세인 씨의 핸드폰에는 풍경사진들뿐이었다. 한국 여자는 자신이 오해한 것을 알고 미안해했고, 신고는 없었던 것으로 합의되었다. 그런데 이 과정에서 호세인 씨는 '비자가 없다'는 이유로 출입국관리사무소에 신고되었고, 강제출국을 당했다.

이주노동자들에게 추방은 '어느날 갑자기 떨어지는' 날벼락 같은 것이다. 굳이 마석가구공단으로 들이닥치는 단속반을 피한다고 안심할 문제가 아니다. 그러니 이주노동자들이 출국 계획을 세우고 그 계획대로 자진출국하는 사례는 정말 드물다. 계획을 세웠다가 수정하고, 또 수정하고, 그렇게 시간을 수정하면서 머물며 돈을 벌다가 어느날 느닷없이 계획에도 없는 추방을 당하면 고향으로 돌아가서 또 다른 이주노동을 고민해야 한다. 그러나 아이들이 있는 가정은 아이들 교육과 장래 문제로 취학 시기를 즈음해 귀국 계획을 세운다. 계획이 약간 수정되긴 하지만 보통은 자진귀국의 형태로 아이와 엄마가 먼저 돌아간다. 가족이 다 함께 돌아가면 좋겠지만, 본국으로 돌아가면 돈을 벌기 어려우므로 아빠는 남는 것이다.

마석을 떠나 귀국한 동료와 친구들의 삶이 계획대로 되지 않았다는 소식도 이따금 마석 사람들에게 들려온다. 방글라데시의 알리 씨(35세, 남)는 2006년까지 공단 바로 앞에 있던 이마트에서 쇼핑카트를 처음 보고 신기하게 여겼다. 그는 자기 나라에 돌아가면 그런 쇼핑카트로 쇼핑하는 마트를 운영할 계획을 세우고 돈을 벌었다. 그런데 돌아갈 준비를 채 마치기도 전에 2009년 단속으로 갑작스럽게 추방되었다. 돈을 많이 모으지는 못했지만 다행히 방글라데시에서 쇼핑카트를 구비한 마트를 실제로 운영했다. 그런데 2012년에 그는 어이없게도 심장마비로 사망했다. 정확한 원인은 알려지지 않은 상태다.

2006년부터 마석 가구공장에서 일한 무띠 씨(38세, 남)는 2008년 9월에 부인과 딸을 본국 방글라데시로 돌려보내고, 두 달 뒤인 11월에 본인도 귀국했다. 그가 귀국을 서두른 건 그의 딸 파티마가 방글라데시 국민으로 인정받지 못했기 때문이다. 당시만 해도 방글라데시에선 자국에서 출생하지 않은 아이를 자국의 아이로 받아들이는 절차가 꽤 까다로웠다. 그는 본국에 돌아가서 딸이 국적을 얻기까지 수차례 법원과 승강이를 하며 곤란을 겪었다.

필리핀의 마리사 씨는 남들이 볼 때 '성공' 사례라고 할 수 있다. 마리사 씨는 마석에 있을 때 아이들에게 필요한 생활비와 교육비만 송금하고 나머지는 악착같이 모아서 5헥타르(1만5천 평 이상)의 땅을 샀고, 집도 두 채나 갖게 되었다. 그래서 필리핀에 돌아간 뒤 임대와 투자로 수입을 올리면서 고된 노동을 하지 않아도 먹고살 수 있는 기반이 마련되었다. 귀국하기 전부터 본국의 상황에 대한 정보 수집을 열심히 한 덕분이기도 했다.

경제적인 문제는 해결되었지만, 한국에서 익숙해진 생활습관과 기후, 음식 때문에 마리사 씨는 거꾸로 자기 나라에 다시 정착하는 데 어려움을 겪었다. 한국에서 먹던 음식이 그립고, 한국에서 익숙해진 풍경들이 그리웠다. 오랫동안 떨어져 지낸 아이들과의 관계를 회복하는 것도 커다란 과제였다. 아이들이 자신을 마치 "돈이 필요할 때만 찾는 은행"처럼 생각하는 것 같고, 그럴 때마다 아이들이 낯설었으며, 엄마가 필요한 시기에 같이 있어주지 못한 것에 대해 어떻게 보상해줘야 할지 고민스러워했다. 이후 마리사 씨가 어떻게 살고 있는지에 대해선 소식을 들은 사람이 없다.

또 다른 이주를 꿈꾸는 사람들도 있다. 이들은 잠시 귀국했다가 제3국행을 시도하거나, 아예 한국에서 곧바로 제3국으로 떠나기도 한다. 앞서 언급한 아유시 씨는 자진귀국을 한 상태인데, 남편과 오스트리아 또는 이탈리아로 다시 이주노동을 떠날 계획을 가지고 있다. 그는 한국에서 제법 돈을 벌기도 해서, 본국에 남아 있기보다 적극적으로 이주노동에 나서려고 한다.

마석에서 15년 일하고 단속으로 추방된 방글라데시의 샤운 씨(남, 37세)는 본국으로 놀아갔다가 곧장 아랍에미리트로 떠나 호텔에서 일히고 있다. 지금의 일은 힘들고, 월급도 한국에 비하면 너무 적다. 그러나 방글라데시에서는 여전히 일자리가 없고 한국에 다시 올 수는 없으니 조건이 조금 나쁘더라도 제3국으로 떠날 수밖에 없었다. 그곳에서 샤운 씨는 한국에서의 15년을 잊지 못해 마석에 있는 친구나 지인들에게 종종 연락을 하곤 한다. 한국에서 마시던 '참이슬'도 먹고 싶다는 말을 잊지 않는다.

완전히 새로운 삶을 위해

삶의 중요한 가치를 돈과 물질적인 '성공'으로 볼 것인지, 물질적인 것을 넘어서는 또 다른 가치를 추구할 것인지는 개인의 욕망과 가치관에 따라 다르다. 이주노동자들은 대부분 돈을 넉넉하게 벌어서 이전보다 경제적으로 안정된 삶을 꿈꾸지만, 이주노동의 경험을 바탕으로 다국적 세계에 대한 문제의식을 가지고 국가를 초월한 미디어 활동과 문화예술활동을 꾸준히 시도하는 사람들도 있다. 마석가구공단에서 일했던 네팔의 민수 씨(본명은 프렘 구룽, 40세, 남), 어속 타파 씨(40세경, 남)는 네팔에서 다국적 문화예술활동가로 활동하는데, 그 활동의 중심에는 미디어활동가 미누 씨(본명은 미노드 목탄, 42세, 남)가 함께하고 있다. 한국에서 알고 지내던 세 사람은 2009년에 네팔에서 다시 만났다.

이들이 모이게 된 계기는 2009년 한국 법무부에 의해 미누 씨가 강제로 추방된 사건이었다. 미누 씨는 이주민방송 MWTV(Migrant World TV)의 공동대표이자 다국적 노동자 밴드 '스탑크랙다운(Stop Crackdown)'의 리더였다. 한국에 온 지 18년 된 미누 씨는 처음 9년 정도는 묵묵히 일하며 노동자로 살았는데, 2002~2003년에 강제추방과 단속이 심해지면서 현실문제에 눈을 떴다. 그는 2003년에 스탑크랙다운을 결성해 본격적인 활동을 시작했고, 이 활동은 이주노동자들이 자신들의 삶의 문제에 대해 서로 소통하며 연대할 수 있는 기회를 만들었다. 그리고 2000년대 중반을 거치며 이주운동 진영의 농성과 투쟁, 이주노동자들의 집회나 시위가 활발해지면서 음악과 영상, 밴드 활동 등을 통해 국적을 초월해 이주운동에 참여하는 사람들이 생겨났다. 미누 씨가 공동대표를 맡았던 이주민방송 또한 이런 역할을 담당했다.

어쏙 타파 씨는 대학에 다니던 중에 호주 유학과 한국행을 놓고 고민하다가 비자가 먼저 나온 한국행을 선택했다. 돈도 벌어야 했고, 한국에 가면 무엇이든 배울 게 있을 거라는 생각을 했다. 산업연수생으로 왔지만 결국 그는 미등록 이주노동자가 되었고, 마석가구공단에서 일하며 한국의 현실을 접했다. 가구공장에서 일을 하니 시간도 부족하고 뭔가를 배울 여건도 안 되었지만, 그에게 한국인 친구가 '영상기술'을 배워볼 것을 제안했다. 그는 우선 주민을 대상으로 하는 미디어 교육을 이수했다. 그리고 주말과 휴일에 작은 카메라를 들고 밤늦도록 영상 촬영을 하는 게 취미가 되었다. 가구공단 내의 작은 행사나 교회 활동 등을 영상으로 찍기도 했다. 언젠가 기회가 되면 그는 꼭 영화 촬영과 편집을 해볼 생각이었다.

그러던 중 어쏙 타파 씨는 미누 씨의 공연을 우연히 접하면서 깊은 감동과 커다란 영감을 얻었다고 한다. 미누 씨의 제안으로 이주민방송국 활동을 하게 되면서 영상으로 소식을 전하는 일을 꾸준히 했는데, 한국에 있는 네팔 이주노동자의 소식을 네팔 방송국에 전하거나, 한국의 이주노동자들을 위한 영상도 찍었다. 동시에 미누 씨의 스탑크랙다운 활동을 촬영하기 시작했고, 미누 씨에게 초점을 맞추면서 그는 이주운동에 대한 다큐멘터리 제작을 계획하게 되었다. 그 때문에 2009년 미누 씨의 강제추방은 어쏙 타파 씨에게도 '한국 생활의 끝'을 의미했다. 그것은 '미누'라는 한 개인의 문제라기보다 이주노동자들에 대한 한국 정부의 태도를 분명히 알 수 있는 사건이었고, 그가 네팔로 강제추방된 후 보여주는 활동 역시 중요했기 때문이다.

한편 자신의 한국 이름을 '민수'라 지어 부르던 프렘 구룽 씨는

2006년에 '네팔한국문화포럼(NKCF, Nepal Korea Cultural Forum)'이라는 비정부기구(NGO)를 만들었다. 이 단체를 통해 네팔과 한국 사이의 문화 교류를 활성화하고, 한국 내에 있는 네팔인들의 교육과 자조 모임, 가난한 네팔인들을 돕는 일 등을 기획했다. 한국에 있는 네팔 이주노동자 중에서 예술성이 뛰어난 사람들을 모으고, 네팔 연예인들을 초대해 문화공연을 하는 등 다양한 행사도 기획했다. 2009년에는 인천다문화축제에서 네팔의 전통춤과 노래 등을 선보이기도 했다. 민수 씨의 활동은 2009년에 일단락되었는데, 미누 씨가 추방된 비슷한 시기에 민수 씨도 단속으로 강제출국을 당했다. 한국에 있을 때 네팔인들의 네트워크를 통해 미누 씨와 서로 잘 아는 사이였기에 네팔로 돌아가 다시 만났고, 여기에 어숙 타파 씨가 합류하면서 네팔에서 자신들이 할 수 있는 일을 함께 모색했다.

2013년 현재 이들은 스튜디오를 만들어 다국적 문화에 대한 문제의식을 가지고 독립영화 제작을 하고 있다. 함께 작업하면서 다큐멘터리 감독으로 활동하는 어숙 타파 씨는 〈눈물에 묻히다Buried in Tears〉로 2011년 네팔인권영화제에서 심사위원상을 수상했다. 미누 씨의 이야기를 통해서 한국의 이주노동자들이 겪는 인권 문제를 다룬 것이었다. 이 작품은 한국 이주민방송에서 〈우리가 원하는 것들〉로 각색되어 여러 인권영화제에서 상영되기도 했다.

이어서 2012년에 제작된 〈코리안 드림The Korean Dream〉은 한국에 일하러 온 이주노동자들의 현실을 드러내는 영화로, 2009년에 강제추방된 미누 씨의 활동에 초점을 맞추어 한국의 배타적이고 폭력적인 태도에 대한 이주노동자들의 생각과 느낌을 보여준다. 어숙 타파 감독

의 이 영화는 2013년 4월 21일, 제9회 알자지라 국제 다큐멘터리 영화
제 단편 부문에서 심사위원상을 수상했다. 국제적·정치적으로 민감한
문제들을 중심으로 다양성, 다문화적인 내용을 다룬 작품을 선정하는
이 영화제(90개국 1400여 개의 작품 참여)에서 〈코리안 드림〉은 최종 수상
작으로 선정된 17개 작품 중 하나가 되었다. 이 작품에서는 미누 씨와
의 인터뷰, 내레이션이 모두 한국어로 이뤄졌다. 미누 씨가 한국어를 워
낙 잘하기 때문이기도 하지만, 감독의 입장에선 한국인에게도 꼭 보여
주고 싶은 영화[2]이기 때문이다.

미누 씨와 민수, 어속 타파 씨는 한국을 떠났지만 지금도 한국식당
을 가끔 찾는다고 한다. 어속 타파 씨의 경우 네팔에서 교육 후원사업
을 하는 한국 NGO와 함께 일하는 등 지금도 한국과 관계를 맺으며 살
아가고 있다.

1) 이슬람 율법에 따라 가공 처리된 음식. 할랄halal은 아랍어로 '허용된 것'이라는 뜻. 식물성 음식(곡류,
과일, 채소 등)과 해산물(어류, 어패류), 이슬람 식으로 도살된 고기(돼지고기를 제외한 쇠고기, 닭고기,
염소고기 등) 등을 말한다. 할랄푸드는 전세계 식품시장의 16퍼센트를 차지한다.
2) 김성민, 「이주노동자들이 테러리스트는 아니잖아요」, 오마이뉴스, 2013년 5월 12일자.

방글라데시에 돌아간 이끄발 씨가 한국어로 쓴 짧은 글을 메일로 보내왔다. 본국으로 돌아간 심정을 솔직하게 이야기해주는 글을 싣고 싶다는 요청을 받아들인 것이다. 맞춤법만 수정하고 문장은 그대로 싣는다.

먼저 글을 쓰자니 13년이란 길었던 한국 생활이 파노라마로 지나가네요.
즐거웠던 일, 슬펐던 일, 그중에서도 전 참 좋은 사람들을 많이 만났고
많은 도움을 받으며 살았던 것 같네요, 정말 운이 좋았어요.

좋은 사람들과 어울려 잘 지내다 내 나라에 막상 오니,
13년이란 시간이 우리나라 사람들과 대화가 어려워지게 만들었네요.
한국 생활에 젖어서일까요, 아님 아직은 우리나라 사람과 소통이 안 돼서
일까요.
이런 일상 하루하루가 힘들었지만, 내 가족이 있다는데 너무도 큰 힘이 되
더군요.
맛있는 음식을 매일매일 만들어주시는 어머니,
그냥 묵묵히 바라봐주시는 아버지, 어느새 훌쩍 커버린 여동생,
공부 마치고 버젓한 직장 생활하는 듬직한 남동생.
더불어 선물로 제부와 귀여운 조카까지 13년은 내가 뒷바라지 했는데
이젠 저에게 큰 힘이 돼주는 뿌듯한 가족이 있어
아직은 집에서 빈둥빈둥 쉬고 있어요.

아직은 낯설어 밖에는 자주 나가지는 않지만,

가끔 밖에 나가보면 한국과 다른 풍경이 나를 미소 짓게 합니다.

잘사는 한국은 차가 많아 길이 막히고,

여긴 사람이 많아 길이 꽉 차고 서로 부딪치며 살아요.

제가 한국에 살면서 잘 먹고 잘 논 것도 있었지만,

틈틈이 배워둔 컴퓨터가 지금은 큰 도움이 되고 있어요.

내 청춘 내 젊음 내 인생의 반을 한국에서 보내서 그런지 한국이 내 나라 같기도 해요.

제2의 내 나라인가요.

그런 나라에서 우리나라로 올 때 좀더 시간이 있었다면 마무리할 것도 하고 준비할 것도 하고 왔었다면 얼마나 좋았을까 하는 아쉬움이 너무 많이 남아서인지

아직도 한국이 그립네요. 꿈을 꿔도 아직은 한국 꿈을 꾸네요.

눈을 떠서 눈을 감을 때까지 한국을 그리워하는 거 같아요.

마지막에 야근까지 하며 힘들게 일한 월급은 받지 못하고 온 건 가슴 아프고 안타깝네요.

음식도 눈에 선해요. 닭갈비 불고기 동태찌개 떡볶이

오리고기 통째로 먹는 치킨 등등 참 많은 음식이 있는데 언제 한번 먹어볼까요.

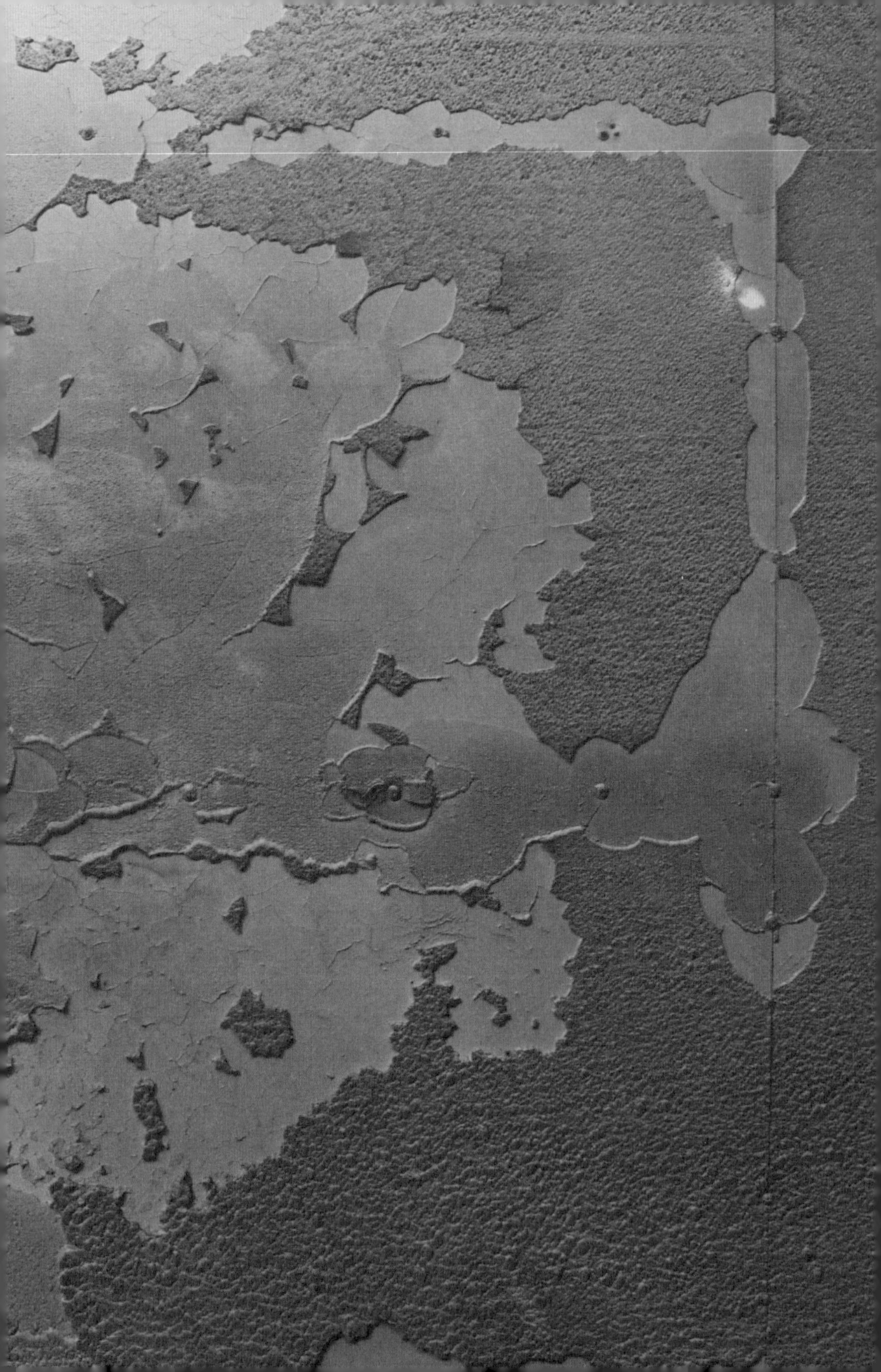

삶을 짓누르는 두 단어, 불법과 단속

자기가 단속에 걸려 추방되면 이것만은 꼭 보내달라고 지인에게 부탁한 물건들을 방 한구석에 모아두었다.

이주노동자의 어린 딸은 미술시간에 무언가에 쫓겨 도망치는 사람과 닭을 그렸다.

주민들이 직접 나서 단속반과 대치했던 2005년 단속에는 연행된 사람들이 자진출국 조건으로 풀려났다.

2008년 대규모 단속 때 이주노동자들은 샬롬의집에 모여 집회를 하고 함께 기도를 했다.

'불법'의 그림자, '단속'의 공포

열여덟 살에 마석가구공단에 와서 13년 동안 일한 이끄발 씨는 2013년 서른한 살이 되었다. 그는 늘 수줍은 표정으로 겸손하게 사람을 대하지만, 그와 함께 일해본 사람은 그가 매우 성실한 노력파이고 책임감도 강한 사람임을 금방 알 수 있다. 한국어를 읽고 쓰는 능력도 뛰어나서 한국인과의 의사소통에 큰 어려움이 없다. 그리고 기계와 컴퓨터, 인터넷을 다루는 일에 밝아서 공단 내 사람들이 문제가 생기면 늘 그에게 도움을 요청하곤 했다. 고향의 가족과 화상통화를 할 수 있게 설치를 해주는 것도, 심지어 온라인쇼핑을 도와주는 것도 이끄발 씨였다. 몇 년 전부터는 방글라데시 이주노동자들과 연극 활동을 하면서 직접 대본을 쓰기도 했고, 방글라데시의 이드 축제에선 줄곧 사회를 보았다.

그렇게 잘 살고 있던 그가 공단 내에서 갑자기 사라졌다. 2013년 6월 4일 오전 10시 30분경, 여느 때와 다름없이 모닝커피를 타서 직원들에게 나눠주던 그는 갑자기 들이닥친 단속반원들에게 붙잡혀 화성 외국인보호소로 보내졌다. 그는 자신의 생활공간으로 다시 돌아와 짐을 정리할 틈도 없이 외국인보호소에 한 달 동안 갇혀 있다가 추방되었다. 살던 집의 보증금도 돌려받지 못하고, 일하던 공장에서 1천만 원 정도 체불된 임금도 받지 못한 상태였다. 그동안 정들었던 공단 사람들에게 작별인사를 나눌 시간도 없었다. 만약을 대비해서 간단히 짐을 싸놓긴 했지만, 막상 '단속'이라는 현실 앞에서 그는 아무런 저항도 할 수가 없었다. 그의 짐은 함께 살던 친구들이 정리해서 항공택배로 부쳐주었다.

이주노동자들이 단속되어 강제출국되면 한순간에 지금 이곳에서 가꿔온 삶의 터전과 단절되는 동시에, 가족이나 친구와 생이별을 하게 된다. 불시에 예정에 없던, 아직 준비되지 않은 다른 세계로 추방이 되는 것이다. 그러니 특히 '불법체류자'로 분류되는 미등록 이주노동자들은 매일매일 '단속'과 '강제출국'에 대한 불안감을 안고 살아갈 수밖에 없다.

평소에 이뤄지는 미등록 이주노동자에 대한 단속은 1년 중에 전반기와 하반기, 또는 봄가을에 공식적으로 한 달 정도의 '계도기간'을 정해놓고 실시한다. 그 밖에 누군가 출입국관리사무소 등에 신고를 하면 신고대상이 된 사업장에 단속이 나올 때가 있다.

마석가구공단에서는 1년에 3~5회 예고 없이 불시에 진행되는 단속도 있었다. 단속반이 법무부 표지도 없이 승용차로 조용히 들어와서 이주노동자 두세 명을 납치하듯 잡아가는 일도 일어났다. 출입국관리사무소별 할당제로 단속을 실행하면서 단속원들이 실적을 올리기 위해 이주노동자들이 자주 오가는 길목에 있다가 눈에 띄는 대로 잡아가는 경우다.

마석의 이주노동자들은 공단 내에서도 양복을 말끔히 차려 입고 자신의 공장 주변을 관찰하는 사람만 보면 기계 작동을 멈추거나 대피하는 습관이 생겼다. 주말이나 휴일에도 가급적 공단을 벗어나지 않으려고 한다. 반대로 공단 내에 사는 게 너 불안하다며 외부에 집을 구해 사는 사람도 있었다.

이주노동자들은 단속을 의식해 대중교통을 잘 이용하지 않는 편이고, 여러 명이 먼 거리를 움직일 때는 오히려 요금을 모아서 익숙한 콜택시를 탈 때가 많다. 가까운 거리는 1천 원을 더 주고 먼 거리는 1만 원 이상을 얹어준다. 아이들이 있어도 휴일이나 휴가기간에 가족 나들이를 한번 하기가 점점 어려워져, 인근의 대형 마트에 가끔 쇼핑하러 가는 것이 전부다. 이때에도 대중교통을 이용하기보다 오토바이로 주차장까지 가서 마트 건물로 연결되는 길을 이용하는데, 그렇게 해야 단속을 피할 수 있다고 믿는다. 불시에 일어나는 단속에 대비해 짐을 미리 싸놓는 것도 잊지 않는다. 단속에 걸려 강제출국을 당하면 짐을 미처 정리하지도 못한 채 이웃이나 친구에게 부탁해야 하는 번거로움이 있기 때문이다.

공단 내의 이주노동자들은 단속에 대한 스트레스로 자신도 모르는 사이 우울감에 빠지기도 하고, 단속반에 쫓기는 악몽에 시달리기도 한다. 특히 아이가 있는 기혼자들은 단속에 걸리면 가족이 한꺼번에 짐을 싸서 출국하거나, 부부 중 한 사람은 남고 한 사람은 떠나면서 가족이 생이별을 해야 하기 때문에 불안감이 더 심하다. 아이들은 어릴 때부터 '단속' '불법' '비자가 없다'는 등의 말을 익숙하게 듣고 자란다.

실제로 필리핀의 세라 씨(37세, 여)는 2008년의 단속사건을 겪은 후에 한동안 잠을 잘 수 없었다. 무더운 여름 날씨에도 문을 열어놓지 못하고, 안에서 잠근 채 생활한다. 밖에서 낯선 한국인 소리가 나거나, 누가 문을 두드리면 괜히 놀라고 숨이 가빠진단다. 길을 가다가도 힐끗힐끗 주변을 경계하고, 한국 남자가 접근하면 왠지 출입국 단속반에서 나온 게 아닐까 하는 두려움이 생겼다.

2005년, 특히 2008년의 단속은 공단 내의 풍경도 바꿔놓았다. 이주노동자들은 문에 잠금장치를 보통 세 개씩 달아놓았다. 단속에 대비해 공장들은 문이 잠겨 있고, 최근에는 자동문으로 바꾸어 안에서 닫으면 자동으로 잠겨 밖에서는 열 수가 없다. 그렇지 않아도 환기시설이 부족한 열악한 공장에서 두통과 기관지염을 비롯한 건강상의 위험이 도사리고 있는데, 여름철엔 찜통더위까지 더해진다.

외부인을 경계하는 것은 공장주들도 마찬가지다. 공장주가 허락하지 않는다면, 얼굴을 아는 사람이나 거래처 관계자를 제외하고 낯선 사람은 일절 접근 금지다. 대부분 외부상황을 파악하기 위해 CCTV를 설치해놓았으며, 밖에서 문을 두드려도 공장 관계자가 아닌 이상 절대로 문을 열어주지 않는다. 단속이 나오면 신속하게 전기를 꺼버리고 공장 문을 닫아 밖에서 볼 때는 공장이 일을 안 하는 것처럼 보이게 하기도 한다. 또 공장 주변에는 개들을 두세 마리 키우는 공장도 많다. 낯선 이가 나타나거나 주변이 소란스러우면 개들이 먼저 짖어주기 때문이다.

단속은 이주노동자뿐 아니라 공장주에게도 큰 스트레스로, 사업자들은 사업 운영에서 가장 힘든 점이 바로 '미등록 이주노동자에 대한 단속'이라고 한결같이 말한다. 영세한 제조업체가 밀집된 가구공단의 직원은 대부분 미등록 이주노동자들이니, 현재 일하고 있는 이주노동자들에 대한 합법화 조치를 취해준다면 현실적으로 필요한 세금을 내겠다고 주장하는 공장주도 있다.

정기적인 단속이 미리 예고된 경우에는 공장주와 이주노동자 모두 신경을 곤두세우고 이를 피하기 위한 방법들을 찾는다. 단속이 들어오면 공장주들은 공장 운영이 중단되어 손해를 볼 뿐만 아니라 오래된 숙련공이 잡혀가기라도 하면 그 피해가 더 커지기 때문이다. 특히 한두 명의 숙련공에 의존하던 소규모 사업체의 경우, 숙련공이 잡혀가면 운영이 어려워 공장 문을 닫는 일도 빈번하다.

2005년, 2008년의 대규모 단속 이후 임대인들도 기존의 임대방식을 조금씩 바꾸었다. 세입자가 갑자기 출국당하면 보증금을 바로 돌려주어야 하는 부담 때문에 최근에는 보증금 없이 월세만 받는 경우가 많다. 가구공단에서 살아가는 한국인 공장주와 동료 노동자, 주변 상인들은 단속으로 보이는 외부인의 움직임에 예민하게 반응하고, 혹시 단속의 낌새가 보이면 이주노동자들이 빨리 대피하도록 신속하게 연락을 취하며 이들을 돕는다. 이주노동자들이 없으면 마석가구공단도 살아갈 수 없기 때문이다.

'미등록'을 부추기는 현 제도

마석에서 2008년 11월까지 일한 방글라데시의 무띠 씨는 1998년 6월에 산업연수생제도로 입국했다가 1년 뒤에 사업장을 이탈해 미등록 이주노동자가 되었다. 그는 처음에 경기도 화성의 휴대전화 제조공장에서 일했다. 하루 11시간 일하고 받은 월급이 31만 원. 그 월급으로 언제 빚 갚고 돈을 모을 수 있을지, 한국 생활을 시작하며 그는 가슴이 답답한 시간을 보냈다. 한국에 오기 위해서 빚진 브로커 비용 1천만 원을 갚으려면 3년 이상 허리띠를 졸라매도 될까 말까였다. 그래서 그는 공장을 그만두었다. 다른 곳으로 옮기면 월급을 더 받을 수 있다는 사실을 알았기 때문이다. 무띠 씨는 1999년에 경기도 광주의 종이상자를 제작하는 공장에서 일하면서 월급 70만 원을 받았다. 합법적 신분으로 일할 때보다 월급이 많았다. 2001년경 그는 용인의 다른 공장으로 옮기면서 잔업을 포함해 하루 15시간 일하며 130만 원을 받았다.

　우즈베키스탄의 쿠브 씨(34세경, 남)는 2012년 5월에 고용허가제를 통해 입국해 같은 우즈베키스탄 사람 세 명과 함께 마석가구공단의 대

리석 탁자공장에 취업했다. 무허가로 지은 컨테이너 기숙사에서 생활
했는데, 비가 많이 오면 빗물이 스며드는 방이었다. 게다가 식수가 전
혀 제공되지 않아 여름에 급할 때는 수돗물을 그냥 마셨다. 식사는 아
침, 저녁에 모두 라면만 제공되었고, 월급은 130만 원을 받았다. 야근을
자주 했으나 수당이 지급되지 않았고, 4대보험도 보장되지 않았다. 대
리석을 다루는 작업환경에서 호흡기 질환과 허리통증(요추염좌)이 심해
병원을 다녔다. 그는 공장주에게 사업장 이동을 요구했으나 공장주가
이를 거부하자, 샬롬의집에 상담을 요청해왔다. 2012년 11월 고용노동
부 고용지원센터에 의뢰하여 겨우 사업장 이동을 할 수 있었다.

2004년 고용허가제 시행 이후, 이주노동자들은 사업체에 대한 정보
와 노동조건을 사전에 충분히 검토하기보다는 돈을 벌어야 한다는 절
박한 현실 때문에 우선 일하러 와서 울며 겨자 먹기 식으로 계약 체결
을 하는 경우가 많다. 자신에게 불리한 계약조건을 꼼꼼히 따져보기도
어렵고, 한번 체결한 근로계약은 수정하거나 바꿀 수 없는 실정이어서
계약기간에는 불편한 점이 있어도 참고 견뎌야 한다. 특히 현 제도 내
에서는 임신하거나 출산한 여성에 대한 지원이 거의 없다. 이주여성은
임신하면 이를 숨기며 일하는데, 사업장에서 이 사실을 알면 해고되는
경우가 많다. 직장에서 해고되면 미등록 이주노동자 신분이 되어 의료
보험 혜택을 받을 수도 없다.

여러 조사 결과로 알 수 있듯이, 고용허가제로 들어온 대다수의 이
주노동자들은 현재의 임금과 노동조건에 만족하지 못한다. 쿠브 씨의
예처럼 고용허가제 내에서 가장 문제가 되는 것은 강제노동의 원인이
되는 '사업장 이동제한'으로, 몸이 아프거나 일이 힘들어도 사업주가 허

락하지 않으면 사업장 이동을 할 수 없다. 그래서 고용기간이 만료되어
도 본국에 돌아가지 않거나, 고용기간 만료 전에 사업장을 이탈해서 '불
법체류자'의 길을 선택하는 비율이 고용허가제로 들어온 인원의 40퍼
센트 이상을 차지한다.[1]

기존의 미등록 이주노동자들을 포함해, 고용허가제 기간이 만료되
어도 돌아가지 않거나 사업장에서 이탈한 사람들은 한결같이 "불법이
더 편하다"고 말한다. 미등록 이주노동자는 직종이나 직업의 선택이 자
유롭고, 한 직종에서 오래 일하면 숙련공이 되어 고용허가제 노동자보
다 임금도 많기 때문이다. 그래서 '단속'과 '강제출국'이란 위험을 감수
하면서도 미등록의 길을 선택한다.

2005년 단속: 업주와 주민들이 막아서다

2003년 국회에서는 외국인력의 편법활용, 송출비리 등의 구조적 문제
점과 사업장 이탈, 임금체불, 폭행 등 인권침해로 인해 '현대판 노예제
도'라는 오명을 받아온 산업연수생제도 대신 고용허가제를 근간으로
하는 '외국인근로자 고용 등에 관한 법률'이 통과되었다.

이러한 법 시행을 앞두고 정부에서는 28만 명에 달하는 미등록 이
주노동자의 문제 해결을 위해 한시적인 사면조치와 대대적인 단속을
실시했다. 체류기간 4년 미만자에 한해 사면조치가 이루어졌다. 그 밖
의 이주노동자는 자진출국 후 재입국 유예기간을 단축하고 고용허가제
우선등재를 조건으로 했으나 이 또한 실효성에 대해 의심을 받았고, 실
제로도 자진출국자에 대한 약속은 지켜지지 않았다. 한편 대대적인 단
속에 직면하게 된 미등록 이주노동자들은 거센 반발과 저항을 하며 농

226

성에 돌입했고, 10여 명의 미등록 이주노동자가 스스로 목숨을 끊는 사건이 일어나면서 사회적으로 이주운동이 크게 요동쳤다.

국익을 우선으로 하는 고용허가제는 정주(定住)화를 방지한다는 차원에서 단기순환을 원칙으로 하지만, 현실과는 괴리가 있었다. 가뜩이나 인력난이 심한 산업현장에서는 일손이 더욱 부족해졌고, 숙련된 인력마저 잃게 된 것이다. 또한 고용허가제를 통해 언제 이주노동자를 구하게 될지도 모르고, 구한다 하더라도 한국어로 소통이 안 되고 기술도 없는 노동자에 대한 부담을 고용주가 고스란히 감수해야만 했다. 그러니 고용주 입장에서도 불만의 소리가 터져나왔다.

하지만 정부에서는 이를 외면한 채 '단속'과 '강제추방'이라는 강압적인 정책을 고수했다. 2005년에 사회통합 차원의 '빈부격차차별시정위원회'에서 합법적 이주자들은 사회통합의 적극적인 주체로 사회적 지원을 하고 미등록 이주노동자들은 적극적으로 추방한다는 원칙을 세웠다. 국가 입장에서 사회통합 대상을 누구로 하느냐에 따른 결론이었다. 2005년 10월에 이뤄진 마석가구공단의 단속상황은 이러한 배경을 지니고 있었다.

이즈음 샬롬의집에선 지자체의 협력을 통한 최초의 외국인복지관인 '남양수시외국인복지센터' 개관식(10월 23일)을 앞두고 이를 홍보하고 있었다. 그런데 복지관 개관이 며칠 남지 않은 10월 17일 점심시간을 틈타서 들어온 단속은 예고도 없었고, 계도기간을 알리지도 않은 상태였다.

공단 내에 단속이 들어온 것을 가장 빨리 알아차린 것은 이주노동자들이었나. 낮 12시 30분경, 필리핀의 에드워드 씨, 방글라데시의 샤말 씨 등이 단속 소식을 다른 이주노동자들에게 문자메시지로 보내고, 샬롬의집에도 전화로 알렸다. 출입국관리사무소(출입국) 직원들은 이미 필리핀, 방글라데시, 나이지리아 출신의 이주노동자 31명을 버스 두 대에 태우고 공단 끝쪽으로 직진해 빠져나갈 계획이었다. 상황 파악을 위해 봉고차를 몰고 나간 샬롬의집 이영 신부가 출입국 차량을 발견하고 즉시 봉고차로 가로막아 대치상황을 만들었다. 출입국 직원이 뛰어나와 비키라고 욕을 퍼부었고, 샬롬의집 관장 이정호 신부도 연락을 받고 단속으로 대치된 현장에 달려와 출입국 직원들과 승강이를 했다.

갑작스러운 단속에 놀라며 안절부절못하던 주민들과 공장주들, 공단 내의 이주노동자들도 길에 몰려나와 출입국 차량을 둘러싸고 공단을 빠져나가지 못하도록 대치했다. 그러면서 그동안 출입국 단속반에게 쌓여 있던 감정을 드러냈다. 동시에 공장에서 일하던 이주노동자들을 갑자기 잡아간 것에 항의하며 당장 풀어줄 것을 요구했다.

영장주의 원칙에 의하면 영장을 발부받아 단속을 해야 하고, 공장 진입 때도 공장주 허락을 받고 들어가야 한다. 그런데 그날 단속은 이 모든 절차가 생략된 채로 추진되었다. 붙잡힌 이주노동자들에게 수갑을 채우기까지 했다. 샬롬의집 신부들은 이러한 상황이 "위법적인 단속"이라고 분명히 밝히며 항의했다.

서로간의 팽팽한 긴장이 계속되면서 오후 5시쯤부터 마을의 오래된 주민들과 공단관리사무소 직원들도 나와서 지켜보았고, 적극적인 주민들과 공장주들은 출입국 차량이 못 나가게 천막을 치는 등 대치상황을 지속할 태도를 보였다. 방글라데시 이주노동자들도 200명가량 녹촌분교에 모여 단체행동에 나섰다. 저녁 6시경에는 삼거리에 있는 중국음식

점에서 이들을 응원하기 위해 짜장면 100그릇을 무료로 보내주었다.

차량을 둘러싼 주민들과 공장주들, 샬롬의집 관계자들의 항의가 계속되자 출입국 직원들은 본부에 연락해 본부 심사과장이 현장에 도착했다. 경찰들도 와서 대기하고 있었고, 저녁 7~8시경 MBC에서 취재를 나왔다. 이날 내용은 저녁 9시 뉴스에 보도되었다. 공장주들과 주민들은 방송 취재가 나오자 "정부의 산업연수생제도와 고용허가제는 산업현장의 현실과 전혀 맞지 않는 인력수급제도"라고 지적했고, 이를 유지하기 위해 정부가 강제적인 단속을 행하는 것에 대해 강하게 항의하는 목소리를 전했다.

출입국관리사무소 측에선 연행된 이주노동자들을 일단 본부로 데려갔다가 신원을 확인한 후에 조치를 취하겠다는 의견을 내놓았다. 단순 미등록 체류인 경우엔 내보내주고, 여권 위조나 밀입국자에 한해선 돌려보낼 수 없다는 협상안이었다. 낮부터 시작해 밤이 깊어가도록 대치상황이 이어지자 협상안에 대해 따르자는 주장도 있었지만, 이를 반대하는 주장도 팽팽하게 맞섰다. 특히 주민들과 공장주들은 "이왕 풀어줄 거면 여기서 풀어줄 것"을 요구하며 출입국 차량이 못 나가게 차를 막아섰다. 이대로 출입국 차량을 보내주면 차 안에 있는 이주노동자들은 다시 돌아오지 못할 거라는 판단 때문이었다.

밤 10시가 가까워지면서 지쳐가던 양측은 협상안에 따르자는 쪽으로 의견이 기울었지만, 반대하는 의견도 만만치 않았다. 의견을 조율하던 끝에 9시 40분경 차가 서서히 빠져나갔다. 이대로 차를 보내주면 연행된 이주자들이 돌아오지 못한다며 눈물을 훔치던 사람들은 움직이는 차의 차창에 대고 그 안에 잡혀 있는 친형제 이름을 불렀다. 출입국의 협상안을 믿을 수 없는 공장주들과 이주노동자들은 서로 뒤엉켜 길을 막았으나, 경찰들이 상황을 정리하면서 출입국 차량이 공단을 겨우 빠져나갔다.

이날 단속에서는 영세한 공장주의 현실을 외면한 정부의 외국인력 정책에 대해 공장주들의 불만이 최초로 강하게 표출되었고, 공단 내 주민들도 연대하는 계기가 되었다. 당일 연행된 이주노동자 31명 중에서 3, 4명은 위조여권 소지자로 강제출국 대상이 되었고, 나머지 사람들은 2주일의 자진출국 준비기간을 통고받고 풀려났다.

2008년 단속: '토끼몰이'가 부른 대형참사

2005년 10월의 대규모 단속 이후, 마석가구공단에는 한동안 단속이 들어오지 않았다. 지역 주민들이 이주노동자들을 연행하지 못하도록 거세게 반발하며 대항했다는 점이 출입국관리사무소 측에게도 큰 부담으로 작용했을지 모른다. 그러나 포천, 인천, 부천 등 경기도 지역에선 단속이 일상화되면서 이주노동자들이 매년 2만 명 이상 강제출국되고, 단속과정에서 부상자가 속출하면서 매년 한 명 정도 사망하는 일까지 발생했다.

2005년 단속에서 마석가구공단 주민들과 공장주들이 출입국 직원들과 대치 국면을 형성하며 결집된 힘을 보여주었던 일은 다른 지역의 이주노동자들 사이에 전설처럼 퍼졌다. "마석에선 공장주와 주민들이 나서서 단속을 막아준다" "마석에 가면 단속이 없다"는 소문도 돌았다. 마석은 공단이 미로로 연결되어 있어 단속원들이 잡으러 오면 "산으로 튀어버릴 수 있"고, 단속반이 잘 모르는 "골목골목으로 도망갈 수 있다"

는 '근거'까지 알려졌다. 그러면서 다른 지역 이주노동자들이 이곳으로 이동해오기도 했다.

그러나 2008년 11월 12일, 평화롭던 공단이 순식간에 아수라장으로 변했다. 경찰과 출입국 직원을 포함해 200명 이상의 합동단속반 인력이 투입되었고, 출입국관리사무소 소속 대형버스 1대와 경찰 버스(출입국 단속을 호위해주는 역할) 2대, 승합차 7대가 동원된 것이다. 2005년과는 비교할 수도 없는 대규모 인력이 불시에 들어와 단 몇 시간 만에 '토끼몰이식' 단속으로 공단을 훑고 지나가면서 130명가량의 이주노동자를 연행해갔다. 사실 마석가구공단은 다른 지역과 달리 공장과 거주지가 같이 있어 밀집도가 매우 높기 때문에 단속반이 작정하고 들어와 구석구석 훑고 뒤지면 이주노동자들을 쉽게 잡아갈 수 있는 곳이었다.

이날 투입된 단속반은 이전과 다르게 좀더 공격적인 모습을 드러냈다. 이들은 분명한 성과를 위해 공단 내의 주요 공간들을 사전에 치밀하게 답사하고 들어온 것으로 보였다. 영장 제시 없이 마치 범죄자를 검거하듯 공장과 기숙사를 뒤졌다. 잠긴 문은 공장이든 기숙사든 부수고 진입했다. 단속반은 도망가는 외국인만 보면 붙잡아 팔을 뒤로 꺾고 제압하면서 연행했다. 산으로 도망가는 사람들을 낚아채듯 잡았고, 건물 사이로 뛰어 도망가는 사람들도 붙잡아 수갑을 채웠다. 이 과정에서 필사적으로 도망치던 이주노동자들이 발을 헛디뎌 건물 아래로 추락해 부상을 당하기도 했다. 심지어 단속반원이 뒤쫓던 이주노동자가 산으로 도망가다가 비탈진 곳으로 추락한 것을 보고도 이를 방치하고 가버린 일도 있었다. 당시 목격자들에 의하면, 이날의 단속반원은 공무원이 아닌 용역일 가능성이 높았다.

출입국은 아침 9시 30분경에 들어와 오후 1시까지 약 3시간 30분 동안 단속을 진행했다. 이주노동자들이 비상연락망으로 연락을 취했으나, 그때는 이미 단속이 거의 끝난 상태였다. 샬롬의집 실무자들도 연락을 받고 공단을 돌며 상황 파악에 나섰으나, 단속반원들이 실무자의 카메라를 강압적으로 빼앗으려 했고, 사진 촬영을 못하도록 욕설을 퍼부었다. 이들 스스로 위법적인 단속을 실행했음을 시인하는 것과 다름없었다.

단속과정에서 발생한 부상자는 모두 10여 명으로, 그중 3명은 그날 당장 큰 수술을 해야 할 상황이었다. 이후 국가인권위원회(인권위)에서는 진정을 낸 피해자들의 진술을 바탕으로 2008년 12월 29일자로 법무부에 권고문을 보냈다.[2] 이 권고문에 이날의 상황이 자세히 기술되어 출입국 단속과정에서의 문제점들이 드러났다.

1) 피해자 1(○○○, 국적: 방글라데시)
2008. ○○. ○○. 10:00경 공장에서 작업 중 검정 조끼를 입은 단속반원 1명이 무작정 쫓아와 후문으로 도망갔고, 후문과 연결되어 있던 2m50cm 정도 높이 축대에서 단속반원이 왼쪽 어깨를 밀쳐 떨어졌으며, 이후 바닥에 무릎이 먼저 닿아 부상을 입었다. 당시 단속반원 4명이 축대 아래에 미리 대기하고 있었고, 쫓아오던 단속반원 1명은 축대를 돌아 내려왔다. 단속을 당한 이후 계속 수갑이 채워져 있었고, 단속반원에게 호송과정에서 통증을 호소하였으나 묵살당하였다. 이후 인천공항 출입국에 보호된 지 2시간 후 병원에 갈 수 있었고, 진료결과 오른쪽 무릎의 신경과 인대까지 파열되어 수술이 필요하다는 진단을 받았고, 3일 후에 ○○의료원에 입원하여 수술

을 받았다.

2) 피해자 2(○○○, 국적: 방글라데시)

2008. ○○. ○○. 10:30경 단속반원이 왔다는 소리를 듣고 근처 산으로 동료직원 7명과 함께 도주하였다. 산으로 피신하였지만 이미 산에는 검정색 상의를 입고 있는 단속반원 여러 명이 있었으며, 그중 한 명이 "이리 오라"고 하여 도망을 가기 위해 급하게 몸을 움직이다가 다리가 접히면서 비탈 쪽으로 떨어졌고, 이후 단속반원이 떨어져서 다친 본인을 보고 그냥 떠났다. 현재 병원에 입원 중이며, 우측 요골 골두 분쇄골절 및 탈구가 되었고, 외측부 인대가 파열되어 약 8주간의 의료적 조치가 필요하다는 의사의 진단을 받았다.

3) 피해자 3(○○○, 국적: 방글라데시)

2008. ○○. ○○. 10:30경 회사에서 작업을 하고 있던 중 필리핀 출신의 직장동료 3명이 단속되는 것을 목격하고 뒷문 쪽으로 뛰어내리다가 발을 다쳐 심한 통증을 느끼면서 산으로 피신하였고, 당일 12:30까지 산에 있다가 나뭇가지를 목발로 이용해서 회사로 돌아왔다. 현재 마석○○병원에 입원 중이며, 4번째 발가락 골절로 스프린트를 고정한 상대이며, 약 8주간의 계속적 관찰과 의료적 조치가 필요하다는 의사의 소견이 있었다.

단속과정에서 부상당한 사람들의 치료비는 모두 개인 부담이었다. 출입국관리사무소를 통해 국가가 이를 보상하면 위법적인 단속을 시인하는 꼴이 되므로 책임을 지지 않있다. 급한 대로 공장주나 샬롬의집,

또는 친구들이 돈을 모아 치료비를 해결할 수밖에 없었다.

단속상황이 종료된 후에 샬롬의집에선 외국인이주노동운동협의회(외노협)와 공동으로 조사작업, 성명서 등을 진행했고, 이날 오후에 즉시 외노협 주최로 인권위 앞에서 기자회견을 가졌다. 이에 대한 반응으로 법무부에서는 "외국인 밀집지역이 슬럼화"되고 있어 "외국인 체류질서 확립 차원"에서 대규모 집중단속을 실시한다는 등의 보도자료를 냈다. 법무부 자료에 의하면 "그 첫 단계로 경기 북부지역의 대표적인 불법체류자 밀집지역인 마석가구공단(남양주시 소재)과 청산농장(연천군 소재)에서 집중단속을 실시"한다고 되어 있다. 또 "마석가구공단은 700~800명의 불법체류자가 근무하고 있으며, 열악한 근무환경으로 각종 재해의 위험이 상존하고, 그동안 수차례의 단속 시도에 대해 고용주, 불법체류자 등이 연합하여 조직적으로 단속을 방해하던 곳"이라고 언급했는데, 이는 2008년 단속이 2005년 상황에 대한 보복성 단속일 가능성을 시사한다.

그전에 이명박 전 대통령이 후보자로 샬롬의집을 방문했을 때, 그는 이주민 문제를 전향적으로 해결하겠다고 얘기한 바 있었다. 그러나 대통령에 당선된 후 약속과 달리 대대적인 단속을 실행했다. 이명박 정부는 2008년에 '외국인 기본계획'을 만들면서 여기에 미등록 이주노동자를 향후 5년간 10퍼센트대로 축소한다는 내용을 포함했다. 이명박 정부는 '경제 살리기'를 공약으로 내세운 상태에서 2008년의 금융위기 이후 가장 만만한 미등록 이주노동자들을 그 희생양으로 삼았다. "불법체류자들이 왜 길거리를 활보하고 다니냐"는 이명박 대통령의 한마디에 법무부가 움직였다. 법무부는 그해 9월 25일에 "22만여 명인 불법체류자를 연말까지 20만 명 수준으로 줄이고 2012년까지는 전체 외국인 체류자의 10퍼센트 수준으로 감소"한다고 발표했다. 이 발표가 있고 나서 이뤄진 첫번째 합동집중단속이 바로 2008년 11월 마석과 연천의 대대적인 단속이었다.

이즈음 각 출입국관리사무소마다 외국인 단속을 위한 할당제가 부여되면서 단속이 더욱 강화되었고, 2008년에 3만 명 이상이 단속되었다.

인권위가 법무부에 보낸 권고문을 보면 '진정의 요지'[3]는 세 가지로 제시되었다.

1. 진정의 요지

가. 2008. ○○. ○○. 9시30분경 100여 명이 넘는 출입국관리사무소 조사과 직원(이하 '단속반원'이라 함)들이 버스 1대, 25인승 버스, 승합차 7대 등의 차량을 동원하여 대규모 단속을 실시하였다. 단속 결과 150여 명의 미등록 외국인근로자가 붙잡혔고, 단속반원들은 잠겨진 외국인근로자 숙소를 물리력을 동원하여 부수는 등 불법적 단속을 하였으며, 이를 말리는 시민들에게도 폭행을 하였다.

나. 단속과정에서 도주하는 외국인근로자들 중 부상자들이 일부 확인되었고, 이중 2명은 수술을 요하는 큰 부상을 입었다. 또한 단속과정에서 긴급보호서를 제시하지 않고, 사업주 동의 없이 무단으로 진입하여 단속하는 등 적법절차가 지켜지지 않았다.

다. 단속반원들이 호송차량에 있는 여성외국인을 길거리에서 용변을 보게 하는 등 단속을 당한 여성외국인들이 성적 수치심을 느끼도록 하였다.

출입국 관계자(서울출입국관리사무소, 인천출입국관리사무소, 의정부출입
국관리사무소, 수원출입국관리사무소)들과 경찰(경기지방경찰청)이 자신들의
입장을 진술했고, 인권위에선 진정인 진술과 피진정인 진술서, 피진정
기관 제출자료, 진단서, 참고인 등의 진술, 현장조사 결과 등을 종합해
결론[4]을 내렸다.

6. 결론
가. 진정요지 '가'항, '나'항에 대하여
피진정인 소속 단속반원들이 긴급보호서를 호송차량 안에서 제시한 점과,
피해자들을 단속하는 과정에서 과잉진압, 환자를 방치한 점, 사업장에 무단
진입하여 단속한 것은 피해자들의 인권을 침해한 것이므로 「국가인권위원
회법」 제44조 제1항 제2호 규정에 따라 주문과 같이 결정한다.

나. 진정요지 '다'항에 대하여
피진정인 소속 단속반원들이 여성외국인들에게 대로변에서 용변을 보게
한 행위, 단속 호송 시 머리카락을 잡고 호송차량까지 간 행위는 피해자들
의 인권을 침해한 것이므로 피진정인 각 출입국 사무소장에게 「국가인권위
원회법」 제44조 제1항 제1호 규정에 따라 주문과 같이 결정한다.

2008년 단속에서 공장주들은 2005년에 보여준 것과 같은 물리적인
대항을 하지 못했다. 경찰과 출입국 직원들이 대거 진입해 순식간에 공

단 내를 초토화시킨 상황을 지켜보면서 강력한 공권력에 대한 두려움과 좌절을 느꼈다. 여기에 대항하면 공장주들은 여러 가지 부담으로 더 힘들어질 뿐이었다. 일하던 사람들이 잡혀가면 공장 운영도 어렵고, 이들을 고용한 데 대한 벌금을 내야 한다. 잘못 대들었다간 괘씸죄 적용으로 벌금이 늘어날 수도 있다. 미등록 이주노동자를 본국으로 송환할 때 드는 항공권값과 급여 등도 한꺼번에 해결해야 한다.

이날의 단속으로 모든 노동자들이 잡혀가서 사장과 경리만 남은 회사도 있었다. 갑작스러운 단속으로 이주노동자를 구하기도 쉽지 않아 문을 닫은 공장도 생겨났다. 샬롬의집은 대규모 단속 이후 택배를 대행하는 사무실이 되어버렸다. 출입국 외국인보호소로 여권, 돈, 침구, 중요한 짐 등을 챙겨서 택배로 보내줘야 하기 때문이다.

대규모 단속 직후의 마석가구공단에는 단속에 대한 공포와 두려움만 남는다. 일부 이주노동자들은 공단에서 좀 떨어진 모텔에 거주하면서 또다시 있을지도 모르는 단속을 피하려고 조심하고, "마석도 안전하지 않다"는 이유로 친구들이 있는 다른 지역(안산 등)으로 떠나는 사람도 생겼다. 경험이 많은 노동자들만 한 고비 넘겼다고 생각할 뿐이다.

2008년 단속으로 공단 내 이주노동자의 수는 많이 줄었다. 북적이던 기숙사 공간도 드문드문 빈 곳이 보였다. 한때 공단 안에 1200명까지 거주하던 이주노동자들은 2008년 이후 꾸준히 줄어들어 2013년 5월 현재 700~800명(공단 주변까지 포함하면 1천여 명) 정도가 되었다. 공단에 이주노동자들이 많았던 시절에는 현재의 필리핀과 방글라데시 커뮤니티 못지않게 응집력이 좋았던 네팔과 나이지리아 커뮤니티가 2008년 단속 이후 와해되었다. 방글라데시 커뮤니티의 대표급 인물들도 이

시기에 모두 잡혀갔고, 필리핀 커뮤니티 역시 2008년 단속 이후 많이 약화되었다.

한바탕 회오리바람처럼 단속이 훑고 지나가면, 무사한 공장들은 바로 다음날부터 문을 열고 남아 있는 이주노동자들은 출근을 한다. 몇 주만 지나면 다시 마석가구공단의 일자리를 찾아오는 이주노동자들이 눈에 띄기 시작한다. 살아남은 사람들은 살아가야 한다. 마석의 삶은 그렇게 계속된다.

1) 연합뉴스, 「고용허가제 입국자 10명 중 4명꼴 불법체류」, 2013년 1월 13일자.

2) 「국가인권위원회 차별시정위원회 결정」, '사건 08진인4364, 08진인4440(병합) 이주노동자 과잉단속 등에 의한 인권침해', 2008년 12월 29일, 3~4쪽.

3) 「국가인권위원회 차별시정위원회 결정」, '사건 08진인4364, 08진인4440(병합) 이주노동자 과잉단속 등에 의한 인권침해', 2008년 12월 29일, 2쪽.

4) 「국가인권위원회 차별시정위원회 결정」, '사건 08진인4364, 08진인4440(병합) 이주노동자 과잉단속 등에 의한 인권침해', 2008년 12월 29일, 6쪽.

1980년대 후반 노동자대투쟁으로 촉발된 한국 경제의 구조적인 변화는 저임금과 저숙련 노동력에 의존하던 중소기업주들에게 위기를 가져왔다. 이에 중소기업협동조합중앙회(현 중소기업중앙회)에선 기존 산업을 지속하기 위해서 외국에서 인력을 수입해야 한다고 정부에 강하게 요청했다. 정부는 이에 대한 대응책으로 1993년 11월에 해외인력의 도입을 결정하고 1994년에 본격적으로 '산업연수생제도(외국인산업기술연수제도)'를 시행했다.

그러나 이 제도는 산업현장에서 외국인에게 기술을 전수하는 연수라기보다는 연수생의 노동을 기업에 제공하는 것이었고, 연수생이 그 노동의 대가로 받는 임금은 최저임금에도 못 미칠 정도로 형편없이 낮았다. 열악한 작업환경과 기숙사, 일터에서의 폭언, 폭행, 임금 압류, 감시 등으로 인해 산업연수생제도로 들어온 연수생들은 절반 이상이 사업장을 이탈해 미등록 이주노동자의 길을 선택했다. 산업연수생제도와 상관없이 입국한 노동자들을 포함하면 미등록 이주노동자는 2002년 25만5천 명, 2003년 28만9천 명으로 해를 거듭할수록 꾸준히 증가했다.[1]

한편 2002년 12월에 제16대 대통령선거를 앞두고 당시 한나라당 이회창 후보와 민주당 노무현 후보가 "산업연수생제도를 폐지하겠다"는 공약을 내세웠는데, 이는 그해 11월에 여야 의원의 공동 발의로 국회에 제출된 '외국인근로자의 고용허가 및 인권보호에 관한 법률'을 기반으로 했다. 그 후 2003년 2월에 고용허가제 법안이 임시국회에 상정된 후 2003년 8월에 제정된 '외국인 근로자의 고용 등에 관한 법률'에 의해 2004년 8월부터 '고용허가제'가 시행되었다. 인력을 송출하는 국가와 한국 정부 사이에 '인력

도입 양해각서'를 체결하고 정부에서 고용허가서와 E-9 비자를 발급했다
(2013년 현재 대상 국가는 15개로 늘었다). 이 고용허가제는 기존의 산업연
수생제도와 병행 실시되다가 2007년 들어 산업연수생제도가 폐지되었다.
고용허가제는 일반고용허가제(외국인 고용허가제)와 국외 동포를 대상으
로 하는 특례고용허가제(방문취업제)로 나뉘는데, 외국인 이주노동자는 일
반고용허가제의 E-9 비자로 입국한다. 이 비자를 받으려면 한국어능력시
험(EPS-TOPIC)을 반드시 치러야 하고, 70분간의 듣기와 읽기 평가에서
200점 만점에 80점 이상을 받아야 한다.

그런데 고용허가제 또한 직장 이동의 자유를 원천적으로 봉쇄하는 '사업장
이동제한'의 독소 조항과 불평등한 계약조건(근로계약 시 임금에서 기숙사
비 및 식대비를 공제하는 조항, 연장근로계약의 결정권 배제, 가족동반의 불허
로 가족의 결합권 없음 등)으로 인해 이주운동 진영에서는 '현대판 노비제
도'라고 평가하고 있다. 유럽의 대부분 국가에서 시행하는 '노동허가제'는
이주노동자의 자유로운 직장 이동을 보장하는 반면, 한국의 고용허가제는
정해진 기간에 지정된 사업체에서만 일할 수 있는 것으로, 이는 강제노동
을 내포하는 것이기 때문이다. 이주운동 진영에서는 고용허가제 시행 전에
이미 이를 반대하며 노동허가제(고용허가제는 고용주가 모든 권한을 갖고
있는 반면, 노동허가제는 노동자의 권리를 우선으로 하고 노동의 관점에서도
고용주보다는 노동자에게 중심을 둔다) 도입을 주장했고, 2005년에는 '외국
인근로자 고용 및 기본권 보장에 관한 법률(안)'에서 이 문제를 제기했다.

한편 고용허가제는 산업연수생제도에서 드러났던 미등록 이주노동자의 증
가, 이주노동자들에게 발생하는 인권침해 문제 등을 개선하고 이들의 정주
화를 방지한다는 목적이 포함되어 있었다. 또, 내국인의 일자리 잠식을 보

완하기 위해 내국인 우선고용을 원칙으로 하는 등 국내 노동시장 보호를 위해서 이주노동자의 수를 제한했다. 사실상 고용허가제는 이주노동자의 단기순환을 원칙으로 하고 있다.

그러나 이러한 목적은 달성되지 못했다. 2010년 고용허가제 기간이 만료된 첫 해, 한국에 남은 이주노동자들이 4149명 수준으로 나오기 시작해 2011년 3만3897명, 2012년 6만2178명으로 크게 늘어만 갔다.[2] 체류기간 만료 후 귀국하지 않은 미등록 이주노동자 수는 2007년까지 꾸준히 증가하다가 2008~2009년에 감소했는데, 이는 2008년에 강력하게 이뤄진 단속과 추방의 영향이었다. 그러나 2010년 이후 그 수는 계속 늘어났다.[3]

결국 고용허가제의 단기순환 원칙의 한계와 위기에 직면하게 되면서 정부는 2012년 사업장을 이동하지 않은 이주노동자를 '성실근로자'라는 명목으로 재입국시켜 고용하는 조치[4]를 취했다. 그러나 여전히 사업장 이동의 제한과 같은 규제장벽으로 인해 노동권의 침해 등의 요인들이 산재해 있고, 부당한 대우에 대한 권리구제절차 역시 미흡한 상황이다. 또한 최근에는 미등록 이주노동자의 단속과 추방이 강화되었고, 그나마 존재하던 안전장치마저도 해체되었다. 한국 사회에서 이주노동자의 삶이란 당사자의 선택권이 없이 철저한 '관리' 법제도의 틀 속에서만 규정된다.

1) 법무부 출입국·외국인정책본부에서 집계한 통계수치 참조.

2) 연합뉴스, 「고용허가제 입국자 10명 중 4명꼴 불법체류」, 2013년 1월 13일자.

3) 법무부 출입국·외국인정책본부에서 집계한 통계수치 참조.

4) 이 제도에 따라 2012년 10월 11일, 재취업 허가를 받고 출국했던 이주노동자 중 131명이 처음으로 재입국했다. 이들은 고용허가제의 '취업활동기간' 동안 사업장을 바꾸지 않고 일한 뒤 재취업 허가를 받고 2012년 7월에 출국했던 사람들로, 재입국 과정에서 한국어능력시험과 입국 전후에 받아야 하는 취업교육이 면제되었다.

한국에서 자란
스물한 살 아가씨

방글라데시 출신 아인 씨 이야기

아인 씨(21세, 여)는 1992년 방글라데시 다카에서 태어났다. 두 살 때 아버지가 한국에 산업연수생으로 일하러 떠났고, 여섯 살 때 어머니가 아인 씨를 데리고 남편이 있는 한국에 왔다. 1998년, 아버지가 일하는 마석가구공단에서 세 식구가 함께 살았다. 그즈음 새로운 식구가 하나 더 늘었다. 아인 씨의 동생이 생긴 것이다. 어머니는 딸을 데리고 다시 방글라데시로 돌아갔다. 당시 IMF 상황이라 한국의 경기도 좋지 않았고, 갓난아기가 태어나면 남편에게 부담이 될 것 같아서였다. 그러다 2002년에 어머니는 아인 씨와 남동생을 데리고 브로커의 도움을 받아 한국에 다시 왔다. 아버지가 있는 마석가구공단에서 가족이 함께 살았다. 그때 아인 씨는 열 살, 남동생 칸은 네 살이었다. 한국은 전 국민이 붉은색 티셔츠를 입고 "대한민국"을 외치며 '월드컵' 열기로 뜨겁던 시절이었다.

아인 씨에 의하면, 당시 부모님은 몇 년 같이 일해서 아이들과 돌아갈 계획이었다.

"엄마 생각은, 한국에 와서 2~3년 아빠랑 같이 돈을 벌어 우리나라 들어가면 뭐라도 먹고 살겠지 했던 거예요. 3년 일하면 어느 정도 목돈이 생기니까요."

그런데 예상하지 못한 변수가 생겼다. 가족이 다시 만나 생활한 지 9개월 만에 아버지가 단속되면서 강제출국을 당한 것이다.

"우리가 오고 나서 9개월 만에 아빠가 잡히지 않았더라면, 우리 가족은 아마 빨리 들어가지 않았을까, 그런 생각을 해요. 그때 브로커 돈이며 방글라데시 빚이며, 한국에서 엄마가 혼자 일하시면서 갚았어요. 그땐(아버지가 출국당한 2003년) 월급도 거의 70~80만 원밖에 안 했는데."

아인 씨는 한국말을 또박또박 아주 잘한다. 얘기를 나누다보면 생김새만 외국인일 뿐, 한국의 20대 초반 청년이 말하고 생각하는 것과 별 차이가 없다. 그도 그럴 것이 열 살 때 한국에 와서 초중고교를 한국 아이들과 같이 지내며 공부했으니, 그에게 한국인의 특징이 배어든 것은 시간의 흐름 속에서 자연스러운 일인지도 모른다.

남편이 본국으로 돌아간 뒤, 아인 씨 어머니는 늦어도 딸아이가 중학교에 입학할 즈음에는, 둘째가 초등학교 입학할 즈음에는 돌아갈 계획을 세웠다. 그런데 그 계획은 3년 후에 다시 바뀌고, 3년이 지나 또 바뀌면서 어느덧 아인 씨 가족이 마석가구공단에 온 지 11년이 되었다.

11년 전, 열 살의 아인 씨는 한국어를 몰라서 "가게도 못 가고, 밖에도 나가는 게 무서웠"다. 그래서 아버지가 일하는 공장과 집 사이만 오가며 남동생과 놀았다. 지금은 없어졌지만 예전에는 동네에 낚시터가 있었는데, 겨울에는 동생과 거기서 얼음을 깨면서 놀거나 어떤 때는 새우를 잡으며 놀던 기억이 있다. 동네를 돌아다니다보니 자신들처럼 부모를 따라오거나 여기서 태어나 자라는 방글라데시 아이들이 아인 씨를 포함해 여섯 명쯤 되었다. 그중 한 아이는 천마초등학교에 다니는 타냐였는데, 또래의 타냐와 아인 씨는 매우 친하게 지냈다. 타냐가 한국말도 조금씩 가르쳐주었다.

그러던 어느날, 가구공단 입구 쪽으로 지나가다가 '여성센터'에서 일하는 분을 만나면서 아인 씨의 생활이 달라졌다. 당시 여성센터는 지금의 샬롬의집 아래쪽에 있었는데, "눈 오는데 길을 가다가 거기(여성센터) 팀장님을 우연히 만났"다. 여성센터 팀장은 아인 씨에게 "학교를 다니냐"고 물었고, "안 다닌다"고 대답하자 "다니고 싶냐"고 다시 물었다. 아인 씨는 "한국어를 몰라서"라고 대답했지만, 여성센터의 도움으로 녹촌분교장의 허락을 받아 4학년으로 다닐 수 있게 되었다. 본래 아인 씨는 방글라데시에서 5학년이었지만, 한국어를 모르기 때문에 학년을 낮추어 4학년으로 편입되었다.

아인 씨는 녹촌분교에 등교한 첫날을 잊을 수가 없다. 그날은 무척 신장해서 아침 7시에 학교에 갔다. 그런데 낯설어하는 방글라데시 소녀를 아무도 안내해주지 않았다. 어디로 가야 할지 알 수도 없었다. 한국말을 모르니 답답하고 무서웠다. 어린 아인 씨는 혼자 운동장에 앉아 울었다. 4교시쯤 아이들이 운동장에 나왔다가 아인 씨를 발견하고 누구냐고 물었다. 아이들의 도움으로 담임선생님을 만났지만, 그 역시 아인 씨에 대해 특별히 신경을 쓰지 않았다. 적어도 아인 씨의 첫 느낌은 그랬다.

그러다가 다음해가 되었다. 친구들은 5학년에 올라갔고, 아인 씨는 분교장이 5학년으로 올라가는 것을 허락하지 않아 4학년을 한 해 더 다 녔다. 담임선생님은 매우 엄격한 분이었다. "중학교에 올라가려면 처음 부터 짚는 게 좋겠다"면서 아인 씨에게 한글을 가르쳤다. 방학 때도 학교 에 나와서 한글과 수학을 공부하라는 담임선생님이 정말 미웠다. 하지 만 나중에 생각해보니 4학년을 두 번 다닌 것이 오히려 도움이 되었다.

아인 씨가 중학교 입학할 즈음이 되자, 어머니는 "네가 좀 힘들더라 도 여기서 공부를 하라"는 마음을 내비쳤다. 어머니는 딸이 "공부를 계 속해서 의사나 판사, 변호사"가 되기를 바랐다. 딸이 한국에서 4학년을 두 번 다니고 초등학교를 졸업하는 동안에 방글라데시의 또래 친구들 은 벌써 중학교 졸업반(방글라데시에서 학교를 일찍 들어간 편이고, 5학년에 다니다가 한국에서 4학년을 두 번 다니면서 본국 학년제에서 3년이 벌어진 것)이 되는데, 고향으로 돌아가면 서너 살 어린 동생들과 학교를 같이 다니는 것도 시간적으로 손해를 보는 것 같았다. 게다가 돈을 더 벌어야 하는 가정 형편도 크게 작용했다.

중학교를 졸업하자 이번에는 아인 씨가 어머니에게 "고등학교라도 졸업하고 들어가자"는 말을 꺼냈다. "고등학교 졸업하면 한국에서 직장 을 가질 수도 있고, 대학교에 갈 수도 있을 거"라는 희망도 마음 한쪽에 있었다. 시간이 좀더 지나면 자연스럽게 한국에서 비자 문제가 해결될 수도 있지 않을까 하는 막연한 기대도 들었다.

하지만 아인 씨의 학교생활은 중3과 고3 때를 제외하고 항상 스트레스가 많았다. 학기 초가 되면 "아이들은 처음에 관심을 보이며 호기심으로 다가오는데, 그다음부터 하나둘씩 사라졌"다. 정말 마음을 나눌 의지가 있는 친구가 아니면 금방 멀어졌다. 어이없는 일도 가끔 있었다. 한번은 베트남에 봉사활동을 다녀온 친구가 아인 씨에게 "너 한국에 몸 팔러 왔냐?"고 대뜸 내뱉어서 싸운 적이 있다. 중2 때였다. 그 말에 너무 화가 나서 아인 씨는 "너도 베트남 가서 몸 팔다 왔냐? 그래서 나한테 그 얘기 하는 거냐?" 하고 쏘아붙였다. 그랬더니 그 친구가 그 자리에서 울어버렸다. 아인 씨는 담임에게 가서 "선생님, 제가 이런 소리까지 듣고 학교를 다녀야 되나요?" 하고 물었다. 담임선생님은 조치를 취하겠다고 했고, 그 후 아인 씨에게 말을 함부로 한 친구의 주변 친구들이 와서 대신 사과했다.

고2 때는 친구들이 다른 학생의 잘못을 아인 씨에게 뒤집어씌우는 일이 있었다. 그 일을 겪으며 아인 씨는 자퇴하고 싶을 만큼 학교가 싫어졌고, 친구들이 참 비겁하다는 생각을 했다. 담임선생님은 아인 씨가 또래 아이들보다 두 살이 많다는 것을 알고 있었고, 평소의 성격과 태도를 지켜보며 신뢰하고 있었기에 아인 씨가 누명을 썼다는 것을 금방 알아차렸다. 그래서 상처받은 아인 씨의 마음을 다독여주었다. 하지만 그즈음 아인 씨에게는 학교가 "귀신의 집보다 더 무서웠"다. 학교를 가려고 하면 "가슴이 쿵쾅쿵쾅거렸"고, 항상 힘이 없고 지쳐 있었다.

그 후에도 학교 친구들 중 일부는 아인 씨더러 "재수 없다"고 하거나, 여러 명이 어울려 다니는 아이들 중에서 한 명이 아인 씨를 싫어하면 그 무리의 아이들도 따라서 싫어했다. 시간이 지나면서 아인 씨는 친구들의 그런 태도를 가슴에 담아두지 않기로 했다. 영어 실력을 쌓기 위해 영어학원을 열심히 다녔고, 주말마다 서울에 있는 청소년문화센터를 다니며 바쁘게 지내면서 자신을 오해하고 이상하게 보는 친구들을 신경 쓸 시간도 없었다. 청소년문화센터에서는 바리스타 교육을 받으며 졸업 후의 진로가 불확실할 경우를 대비했다. 고등학교를 졸업하면 한국의 대학에 입학하고 싶었지만, 비자가 없기 때문에 쉽지 않을 거라는 판단에서였다.

고등학교 졸업을 앞두었을 때였다. 당시 아인 씨가 다닌 종합고등학교 친구들은 졸업을 앞두고 대학에 합격하거나 취업을 했지만, 아인 씨는 대학도 갈 수 없고 취업도 할 수 없었다. 학교장 재량으로 다닐 수 있는 것은 중고등학교까지였다. 어느날 학교에 헌혈차가 와서 건강한 학생들을 대상으로 헌혈을 받았는데, 아인 씨도 참여했다. 그런데 대한적십자사 혈액관리본부에서 별도로 연락이 왔다. "신분이 확인 안 되면 혈액을 쓸 수 없다"는 내용이었다. 아인 씨는 그 연락을 받고 눈이 퉁퉁 붓도록 울었다.

"제가 뭐 에이즈 걸린 것도 아니고, 건강한 피면 쓸 수 있잖아요. 피 검사 충분히 하잖아요. 제 신분이 확인 안 되더라도, 그러면 문제가 없는데, 환자한테 투여하면 왜 문제가 생겨요? 제가 한국에 살면서 이게 최악이었어요. 제 입장에서는 인간으로 취급 못 받은 거예요."

그무렵 아인 씨는 대학 진학을 위해 여기저기 알아보던 중이었고, 시청에 있는 변호사에게서 "비자 없으면 아무것도 못 한다"는 결론을 전해들었다. 그래서 자신의 혈액을 쓸 수 없다는 통보에 더욱 가슴이 무너져내렸다.

한국에 머무는 시간이 길어질수록, 방글라데시 사람이건 한국 사람이건 아인 씨네 가족에게 건네는 말들은 비슷비슷했다. 아인 씨 어머니에게는 "여자 혼자서 애들 키우며 어떻게 일하겠느냐"는 걱정이었고, 사춘기에 접어든 아인 씨에게는 "왜 (방글라데시로) 안 돌아가냐? 지금 한창 커가는데, 여기서 사는 게 좋아 보이지 않는다"는 충고였다. "여기서 아무리 공부해도 한국에선 아무것도 할 수 없을 것"이라는 말까지 들으면, 아인 씨는 속이 상해 혼자 많이 울었다.

그래서 아인 씨는 어머니에게 먼저 "돌아가자"고 한 적도 있지만, 어머니는 "학교를 졸업할 때까지" 기다리자고 했다. 그러나 시간이 흐르면서 한국에서의 졸업이 문제가 아니라 본국 방글라데시에서의 적응이 더 큰 변수가 되었다. 방글라데시에서 초등학교 5학년을 다니다 온 아인 씨는 자국의 언어를 읽고 쓰는 데 문제가 없었지만, 네 살 때 한국에 온 칸은 달랐다. 한국어가 더 익숙한 칸은 집에서 방글라데시 말로 대화는 가능해도 읽고 쓰기는 어려워한다. 가족들은 칸에게 방글라데시어 공부를 게을리하면 안 된다고 채근하지만, 칸에겐 '언제'가 될지 모르는 그때를 위해 공부를 하는 것이 영 재미가 없다.

중학교 3학년인 칸은 생김새만 외국인일 뿐, 한국의 10대 아이들과 다름없이 자랐다. 그런데 칸은 한국 친구들과 잘 어울리면서도 자기 집에 친구를 데려온 적은 별로 없다. 칸과 같이 자란 방글라데시 친구들은 하나둘씩 본국으로 떠나버리고, 누나 외엔 같이 놀 사람이 없어 칸은 방글라데시의 젊은 '삼촌'들을 따라다녔다.

요즘 질풍노도의 시기를 보내는 열다섯 살의 칸에게는 "학교 아니면 집밖에 없는 반복된 생활이 지루"하다. 어렸을 땐 동네를 맘껏 돌아

다니며 뛰어놀았다. 그러나 이젠 꼬마가 아니어서 어딜 가든 눈에 띄고, 방글라데시 어른들이 자신을 바라보는 시선도 부담스럽다. 그래서인지 칸은 "동네 어딜 가든 할 수 있는 일이 별로 없다"고 느끼고, 한국 친구들처럼 자신은 "마음껏 놀지도 못한다"는 생각을 한다.

친구들을 보면 뭔가 특권이 있는데 자기한테는 없는 게 많다. 예를 들어 의료보험이나 부모님의 신용카드, 할인카드 같은 것들이다. 친구들은 학원을 다니지만 칸은 학원도 안 다닌다. 게다가 가끔씩 방글라데시 아저씨들이 "여기서 공부하면 뭐 하냐, 방글라데시 가면 아무 소용없다"는 얘기를 반복하면 듣기 싫고, 마음이 답답하다.

아인 씨가 볼 때는 "2005년 이후 방글라데시도 확 변했"다. 1990년대 중후반부터 외국으로 나가 새로운 문화를 접하고 돌아온 사람들이 많아져서 "방글라데시에 이 문화도 있고 저 문화도 있는" 상황이라 전통적인 방글라데시 문화를 고수하던 옛날에 비해 사람들의 옷 입는 스타일과 사고방식도 조금씩 달라졌다. 예전에 비해 교육열이 높아지고, 여성들의 사회 진출도 전보다 활발해졌다. 실제로 아인 씨의 여자 사촌들은 보통 열여섯이면 시집을 가는 방글라데시에 살면서 스무 살이 넘었는데 아직 결혼할 생각도 없고, 대학에도 다닌다. 인터넷 사정도 예전에 비하면 좋아져서 친구들과 페이스북으로 소식을 나눌 수 있다. 아버지는 "요즘은 릭샤 타는 사람들도 다들 휴대전화 하나씩 가지고 있다"고 딸에게 말해주었다.

방글라데시에서 할머니와 함께 살고 있는 아버지는 다카 시내의 한 백화점 상가에서 옷가게를 운영 중이다. 처음에는 상가 임대료를 아인 씨 어머니가 꼬박꼬박 보내주었는데, 최근에는 아버지가 벌어서 임대료를 해결하고 있다. 하지만 수입이 썩 많지는 않다. 아인 씨는 아버지와 화상통화를 하거나 인터넷 메신저로 연락하는데, 요즘은 한 달에 두세 번 통화한다. 어머니는 아버지와 자주 통화하지만 자식들은 그렇지 못한 편이라서, 아인 씨가 아버지와 한번 통화하면 조금 길게 한다.

"전화하면 맨날 똑같은 얘기만 해요. '안녕하세요. 어떻게 지내세요' 이런 얘기만 하는데요. 아빠도 그냥 똑같고, '잘 지내고, 엄마 말씀 잘 들어라' 하고. 막 '빨리 오라'고 하고."

아버지랑 통화할 때 아인 씨는 "아빠가 무슨 얘기를 해야 될지 몰라 하시는" 것 같아서 이것저것 자잘한 얘기를 먼저 꺼낸다. 여느 딸들처럼 아버지에 대한 애정 어린 잔소리를 하거나 사소한 일들을 미주알고 주알 전하는 것이다.

그동안 방글라데시에도 많은 변화가 있었으니, 아인 씨가 어렸을 때 봤던 아버지의 보수적이고 엄격한 태도에도 변화가 좀 생겼다. 예전에는 딸이 여름에 민소매를 입으면 정색을 하며 혼냈고, 남자들이 많은 데서 딸이 춤을 추는 것도 이해를 못 했다. 아인 씨나 어머니가 멋을 내고 싶어 방글라데시 전통의상 '샤리'*를 입는 것도 싫어했다. 그러던 아버지가 이제는 주변 여성들의 변화를 지켜보면서 달라졌다. 몇 년 전만 해도 아인 씨가 "영국에 공부하러 가고 싶다"는 꿈을 내비쳤을 때 아버지는 "우리 집안 딸들은 절대 외국에 가서 혼자 사는 거 안 되니까 꿈도 꾸지 마라"라고 엄하게 얘기했다. 그러나 이제는 딸이 꿈꾸는 영국 유학을 허락하겠다는 입장이다.

한국에서 10대를 고스란히 보낸 아인 씨는 솔직히 한국에 더 있고 싶다. 하지만 고등학교를 졸업하고 성인이 되니 한국에서 할 수 있는 일이 아무것도 없어졌다. 실제로 학생 신분이었을 때에 비해 행동의 제약을 더 많이 받는다. 안정된 신분을 위해 한국 남자와의 '계약결혼'을 생각해본 적도 있었다. 하지만 이제는 그렇게까지 해서 한국에 머물고 싶은 마음이 없다. 한국에 있을수록 추억이 많아지고 이곳에서의 기억이 자꾸 늘어나는데, 그러면 그럴수록 돌아가기 어려워질 것 같다.

방글라데시로 돌아가면 아인 씨는 영국 유학 준비를 하고 싶어한다. 영국에선 경영이나 무역을 전공해 나중에 사업을 하는 게 꿈이다. 하지만 뜻대로 되지 않을 경우엔 방글라데시에서 한국식 레스토랑을 운영할 계획도 가지고 있다. 평소 요리에 관심이 많아서 고등학교 때 학교 대표로 '남양주 슬로푸드 대회'에 나가 자신이 개발한 '인삼 미나리 된장국' '인삼 호박잎쌈' '삼계 롤' 등의 요리를 선보인 적도 있다. 진짜로 한국식 레스토랑을 열면 방글라데시 사람들의 입맛에도 잘 맞는 닭볶음탕, 매운탕 등을 내도 좋을 것 같다. 그 옆에는 바를 만들어 커피와 빵도 팔면 어떨까, 구체적으로 구상 중이다.

아인 씨는 요즘 샬롬의집에서 운영하는 다문화카페의 분점에서 바

리스타로 일하고 있다. 유학 준비를 위해 틈틈이 영어 공부도 계속하면
서 바쁘게 지낸다.

* 보자기처럼 긴 천을 몸에 두르듯이 입는 방글라데시 전통의상. 배과 옆구리는 드러나게 입는 편이다.
방글라데시에서는 일반적으로 여성의 다른 신체부위 노출에 대해서는 예민하게 반응한다.

ACE
세계 속의 한국의 자료
에이스 침대
HANSSEM
GRACEFUL LIVING
OOAMI
RT

인 O
파로

조은날
1644-8592
통돼지박배큐
안전기원제
출장파티
각종행사
개업식
단체회식
011-733-5031
어린이 보호구역
SCHOOL ZONE
여기부터 0m
속도를 줄이세요

무대감독 : 이수성 / 믹스라이스
공연당일 경춘선 평내호평역에서 셔틀버스가 운행됩니다.
문의 : 010 6364 9010 http://cafe.naver.com/artrecycling
문화체육관광부 경기문화재단 북

온달 / 술탄 오브 더 디스코
조엘 / 강산에 / 악어들
아홉번째 / 서교그룹 사운드
하현진 + 검간지 / 제팔극장
버릇구름

마석동네
페스티벌
MDf

일시 : 2011년 10월 6일 토요일 저녁 7시
장소 : 마석가구공단 內
기획 : 공공이술 삼거리 / 믹스라이스 / 마석이주극장
음악감독 : 더아룡더룡스 홍보물 디자인 : 더아룡더룡스
무대감독 : 이수성 / 믹스라이스
공연당일 경춘선 평내호평역에서 셔틀버스가 운행됩니다.
문의 : 010 6364 9010 http://cafe.naver.com/artrecycling
주최 : 문화관광부 / 한국문화예술위원회
주관 : 경기문화재단
공공미술삼거리 / 믹스라이스 + 마석이주극장
후원 : 기획재정부 협찬 : 살림의집
문화체육관광부 경기문화재단 북관위원회

올레!
olleh!
일시 : 2012년 9월 8일 pm 18:00
장소 : 쌀롬의 집
주관 : MASOK MIGRANT THEATER
후원 : 경기도청
2012

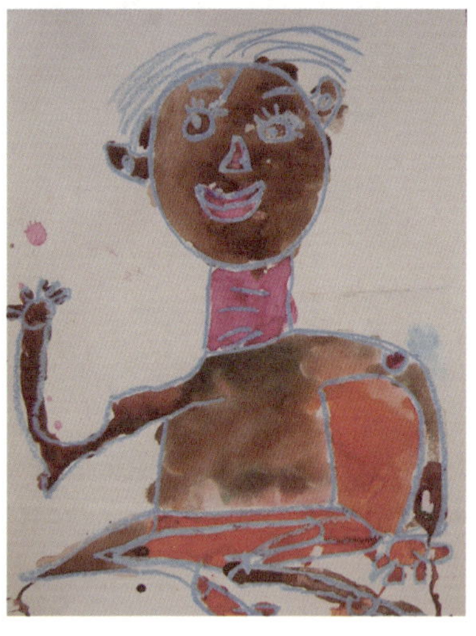

불법이라는 섬에
갇힌 사람들

이영 (성공회 신부)

마석가구공단 입구에 있는 샬롬의집에 한 어머니가 봉사를 하러 왔다. 따라온 초등학생 아들이 마침 들른 방글라데시 남성을 보자마자 "알카에다다!"라고 소리를 쳤다. 아이는 장난이었지만, 분위기는 무척이나 당황스러워졌다. 한번은 이주노동자들의 숙소를 보고 싶다던 분이 있어서 양해를 구하고 데려갔더니, "토굴에서 살 줄 알았는데 가구도 있다"며 놀라워했다. 샬롬의집에 이주노동자들을 대상으로 하는 설문지를 몇 백 장 놓아두고 갔다가 수거해서는 그걸 분석해서 연구자료로 내놓는, 아예 현장에 와보지도 않는 학자들도 있다.

　마석가구공단. 사람들은 이곳을 잘 모른다. 인근에 사는 주민들도 그 속에 외국인들이 일을 하고 있다는 얘기를 들었거나 마트에서 마주

친 적은 있어도, 그들이 어떻게 살고 있는지 잘 알지 못한다. 멀리서 온 가구전시장의 손님들이 어쩌다 골목길에 들어섰다가 으슥한 곳에서 외국인들이 서성대는 걸 보고 놀란다고 한다. 외부인은 들어오지 않고, 이주노동자들은 나가지 못하는 이곳을 사람들은 모른다기보다 알고 싶어 하지 않는다. 이곳은 고립된 섬이다.

실제로 이곳은 공공서비스도 미치지 않는다. 공단에는 벤치 하나 없다. 인근지역 주민과 소통할 공간은커녕, 현지 주민들이 쉬어갈 곳도 없다. 실생활과 관련되어 있는 제반시설은 취약하다. 이주노동자들이 이용할 수 있는 약국, 세탁소, 지구대, 공동 목욕시설 하나 없다. 이곳에 분명 사람들이 살고 있지만, 장마 때 도로가 패여도 보수가 되지 않는다.

이런 고립된 섬에서 20년째 이주노동자들이 살아간다. 이주노동자들의 문제는 더 이상 공장에서 발생하는 의료, 임금체불, 산재 등 노동 문제만이 아니다. 이곳을 터전으로 삼아 살아가는 이주노동자들의 자녀가 자라 학교에 가고 성인이 되었다. 하지만 고립된 삶은 그대로 대물림된다. 이 책의 말미에 등장한 아인 씨는 스무 살 성인이 되었지만, 한국 사회에서 할 수 있는 일이 아무것도 없다. 동생 칸도 누니처럼 학교를 다닐 수 있는 건 그저 '학교장 재량' 덕택일 뿐이다. 살롬의집 보육실에서 생활하는 열아홉 명의 아이들도 이제 아인 씨와 칸의 뒤를 이을 길밖에는 없다.

고립의 과정은 비단 마석가구공단만의 문제는 아니었다. 2004년 고용허가제 이후, 한국사회의 보수화 이후, 한국사회의 민주화 역행과 함께 이주노동자의 노동권과 인권 역시 퇴행했다. 그나마 존재하던 안전장치들마저 해체되었다. 이로 인해 이주노동자들은 자신들의 목소리를 제대로 내지 못하고 있다. 전에는 노동절이나 세계이주민의 날 행사 때 지역 간의 연대모임까지 이루어졌지만, 단속이 강화되면서 커뮤니티의 결속력도 느슨해졌다. 커뮤니티의 대표를 표적단속하면서 더욱 빨리 와해되기도 했다.

심지어 이 고립된 섬에서도 사람들이 둘로 갈리기 시작했다. 그동안 정착의 과정에서는 개인 간의 문제이건, 국적별 갈등이건 여러 불안요소들이 있었지만 많이 해소된 상태다. 그러나 갈등의 해결방식으로서, 이제 이주노동자들 간에 합법과 비합법이라는 새로운 '계급격차'가 생기고 있다. 합법 신분의 노동자들이 비합법 신분의 노동자와 갈등이 생기면 신고를 해서 추방시켜버리는 것이다.

불법에 대한 반감은 한국인들에게 뿌리 깊다. 아직도 왜 불법체류자들을 도와줘야 하는지, 합법으로 들어올 수 있는 구조가 있는데 굳이 합법을 마다하는 그들에게 왜 지원을 해주어야 하는지, 이주운동을 하는 사람으로서 질문을 많이 받는다. 심지어 외국인 관련 연구자들을 대상으로 한 어느 강연에서 이주노동자들의 가장 큰 고충이 임금체불이라고 얘기했더니, 끝나고 질의응답 시간에 "남의 나라에 와서 일하려면 그 정도는 감수해야 하는 것 아니냐"고 지적하기도 했다. 그들이 어떻게 한국인과 같은 밥상에서 밥을 먹을 수 있는가 하는 의식, 그들은 주변인이어야 한다는 의식인 것이다.

왜 그들이 그 모든 불편과 비인간적 대우를 감수해야 하는 걸까. 대한민국의 근로기준법에서도 국적, 신앙 또는 사회적 신분을 이유로 근로조건에 대해 차별적 처우를 하지 못한다고 명시하고 있다. 체류가 불법이더라도 노동의 조건과 그 대가는 누구에게나 적용되어야 하는 것이 아닌가. 그렇다면 왜 그들이 불법이 될 수밖에 없는지 근본적인 문제를 살펴봐야 하지 않을까.

이런 '불법'을 조장하는 상황은 우리나라의 정책과 맞물려 있다. 현재 상황에서 외국인력을 지속해서 받아들일 수밖에 없음에도, 한국 정부에겐 저출산 고령화 대책의 일환일 뿐이다. 그래서 정주화는 한사코 방지하려는 단기순환 정책을 고수하며, 한국이 이민국가로 가는 걸 차단시키겠다는 것이 정부의 기본방침이다. 그 맥락에서 용납하는 것은 인력 재생산을 담당하는 결혼이주여성뿐이다. 다시 말해 이주노동자는 '노동력'으로만 활용하겠다는 의지인데, 그 이면에는 사회구성원으로서, 인간으로서 누려야 할 기본적인 권리도 책임지지 않겠다는 의지가 내비친다.

한국 사회에 적응하고 숙련공으로 자리매김한 미등록 이주노동자의 소원은 무엇일까. 하루라도 합법으로 다리 뻗고 자고 싶은 것이다. 단속과 강제추방으로 인한 인권침해와 사회적 비용보다는 그들을 합법의 틀로 끌어안고 숙련인력으로 활용하는 것이 한국 사회에도 더 바람직하다. 가뜩이나 한국인들이 기피하고 있는 업종 아닌가. 그들이 없다면 마석가구공단의 공장들은 거의 다 문을 닫아야 한다. 한국 사회의 기여도를 생각해서라도 체류를 합법화해야 한다. 실제로 2011년에 10년 이상 체류한 중국동포에 한해 합법화 조치가 있었다. 뿐만 아니라, 이에 대해서 국가인권위원회에서도 이주노동자를 배제한 조치는 차별이라는 결정문을 내놓았다.

특히 이주노동자의 가족동반을 허용하지 않는 제도가 가장 비인간적이라 할 수 있다. 이미 한국 사회에 존재하는 아이들은 어떻게 할 것인가. 아이들의 교육권, 건강권은 보장해줘야 한다. 그들은 가장 취약한 존재들이다. 부모의 체류와 연관 지어서 처리하는 것은 국제적 기준에도 맞지 않는다. 한국은 유엔국제아동권리협약의 비준국가다. 미국에서도 30세 이하의 이주민에게는 특별체류가 가능하도록 합법화 조치를 취했다. 한국에서도 노무현 정부 때 아동에 대해 한시적 합법화를 해준 적도 있다. 법무부장관이 할 수 있는 출입국관리법상 특별체류허가라는 것도 있다.

그러나 이런 미봉책보다 모법을 만드는 게 중요하다. 정부가 만들어 놓은 재한외국인기본법에서 미등록 이주노동자는 원천적으로 제외된다. 마찬가지로, 다문화가족법도 결혼이주여성에 초점을 맞춘 것이다. 아동권리보장법도 국회에서 만들어진 상태인데 통과되지 않았다. 지금의 문제들은 이주민인권보호법을 만들어서 이주민들의 권리를 보장받을 수 있도록 제도 개선이 선행되지 않으면 풀 수가 없다. 불법이라는 섬에 가두는 일을 그만두고 이제 선진 이민국가로의 문을 열어주어야 한다.

마석가구공단의 이주노동자들은 이곳을 제2의 고향이라고 생각한다. 20대의 젊은 시절을 한국에서 보낸 이끄발 씨는 마석과 한국에 대한 사랑이 남달랐다. 지난봄, 나는 그와 저녁 약속을 잡았다가 일정이 있어 미뤘는데, 바로 다음주에 그가 단속되어 추방되었다. 단 하루도 내다볼 수 없는 삶이었다. 따뜻하게 밥 한끼 같이 못 한 것이 내내 마음에 걸렸다. 다시는 저녁 약속 같은 것은 잡지 않겠다고 결심을 할 정도로 내게도 상처가 됐다. 한국을 떠나는 이주노동자 친구들의 뒷모습이 아름다웠으면 좋겠다. 하루아침에 단속에 의해 철창에 갇혀 쫓겨나는 것이 아니라, 자신이 선택한 출국이었으면 좋겠다.

앞으로 마석가구공단은 어떻게 될까. 공장이 있는 한 이주노동자들은 계속 찾아올 것이다. 그러나 예측하기가 쉽지 않다. 급변하는 한국의 산업구조가 어떻게 바뀔지도 모를 일이다. 가구제조업 같은 3D업종이 제3국으로 이전될 수도 있다. 특히 마석은 환경이 열악하다보니 재개발의 여지도 있다. 거대한 쇼핑몰이 들어서지 말란 법도 없다. 한센인들도 고령이다. 그들의 2세들이 이곳을 지킬 것인가, 보장할 수 없다. 여러 면에서 혼란기를 맞을 수도 있다. 언젠가 이주노동자들도 이곳에서 자취를 감출지도 모른다. 하지만 누군가는 꼭 기억해주기를 바란다. 시공간은 다를 수 있지만 우리와 함께 살아가고 있는 사람들이 있음을 말이다.

마석가구공단은 소록도에 격리되었던 사람들이 그곳을 나와 사회적 냉대와 차별을 받아가며 정착해 일군 곳이다. 그곳에 이주노동자들이 삶을 이루어가고 있지만, 다시 섬으로 고립되어 있다. 이 책은 그런 이주노동자들이 살아간 한 시절에 대한 세밀한 기록이다. 20~30년 이후 이곳은 어떨까. 고립된 섬일까 열려 있는 광장일까. 어떤 사람들이 삶을 지켜가고 있을까. 지금보다 나은 모습일까 못한 풍경일까. 지금으로서는 이 책이 우리의 미래와 과거를 잇는 가교 역할을 하는 소중한 자료가 되길 소망할 뿐이다.

공존을 위한 관계 맺기

김현미 (연세대 문화인류학과)

"내가 만약 붙잡히면 사장님에게 보내달라고 따로 모아둔 것들이에
요."

2012년 6월 마석에 있는 라이 씨의 공장을 방문했을 때 그는 방 한
쪽에 쌓여 있는 사진과 종이 뭉치들을 내게 보여줬다. 1991년 한국에
입국한 네팔인 라이 씨는 18년째 마석가구공단에서 일하고 있다. 그는
22년째 '불법' 노동자다. 늘 단속의 공포에 시달렸고 자신도 어느 순간
떠나보낸 친구와 동료들처럼 한국에서의 삶을 정리도 못 하고 추방당
할 것을 알고 있다. 라이 씨가 단속과 추방에 대비하는 유일한 길은 자
신의 소중한 물건들을 정리해놓고 사장에게 집으로 부쳐달라고 하는
것뿐이다. 한국에서 산 22년간의 인생은 작은 보따리로 정리되어 방 한
구석에 놓여 있었고, 이 물건들은 라이 씨가 늘 떠날 준비를 하고 있는

사람이란 것을 알려준다.

　현재 한국에는 라이 씨와 같은 미등록 체류자가 17만 명 이상 거주하고 있다. 그중 아시아계 노동자는 15만 명을 넘는다. 미등록 이주노동자의 삶은 불안정하고 취약하다. 그럼에도 불구하고 마석에는 라이 씨 같은 '장기'체류 이주노동자들이 꽤 있다. '운'이 좋아 단속에 걸리지 않아서겠지만, 여기에는 마석이라는 특정한 장소에서 구성된 사회적 관계들이 한몫한다. 마석은 '추방된 자'들의 공간이었다. 부모도 혈육도 함께 살기를 거부했던 한센인, 화려한 소비자본주의의 위세에 잊힌 영세 제조업체들, 생존회로를 통해 한국에 온 외국인 이주노동자들이 삶의 취약성을 공유하며 함께 만들어낸 마을이다. 이들의 관계가 늘 조화롭고 평등한 것은 아니지만 상호의존적이며 서로에게 관대하다. 여기에 하나 더, 이들을 묶어내는 데 큰 역할을 한 샬롬의집의 존재다. 샬롬의집은 추방된 자들의 슬픔을 위로하며 마석을 '임시적 해방공간'으로 만들어냈다.

　마석은 여전히 국가 공권력에 의한 대규모 단속을 자주 당하는 공간이기 때문에 해방은 '임시적'이다. 그러나 주민들이 이곳을 떠나지 않는 것은 마석이라는 장소에 대한 심리적 귀속성 때문이다. 이곳에서 한센인은 건물주이며 동네를 '사찰'하는 권력자이기도 하다. 이곳에서 '미등록' 지위는 감추거나 숨겨야 할 조건도 아니고, 질문거리도 되지 않는다. '불법이주자'들은 이곳에서만큼은 '정상적인' 마을 주민이다. 역설적이게도 '추방된 자'들은 법에 예속되지 않는 자유와 활력을 뿜어내는 존재들이다. 마석은 국가의 '법'보다 우선하는 사람들 간의 감정, 즉 공감능력과 상호연민에 의해 인간 '해방'의 가능성을 보여준 사례다.

이 책『우린 잘 있어요, 마석』에 등장하는 각양각색의 인물들은 다양한 이유와 조건들 때문에 어려움을 겪지만, 그들의 선택은 때론 엉뚱하고 기발하다. 이 책을 읽다보면 이주노동자를 싼 임금으로 제공하는 노동력으로만 바라보는 관점에서 벗어나는 스스로를 발견하게 된다. 이주노동자를 생산력의 한 요소로만 바라보면, 이들의 구체적인 일상이 어떻게 구성되는지 이들은 어떻게 살림을 하고 사는지, 어떻게 외로움과 고립감을 극복하면서 살아가는지 등 인간에 대한 가장 기초적인 질문조차 하지 않게 된다. 도구적인 관점으로 이방인을 보게 되면 그는 더 이상 인간이 아니고 '사물'처럼 고정된 존재가 된다. 우리는 이제까지 국가의 시선에서, 자본의 이해관계로 이주노동자를 보는 것에 익숙했다. 그러나 동시대를 살아가는 존재로 이주노동자를 바라보게 되면 우리가 향후 그들과 어떻게 관계를 맺어야 할지를 이해하게 된다.

이주노동자는 어려운 이주를 결정하고 실행한 만큼, 모험심이 강한 사람들이다. 이 책에 나온 다양한 이주노동자들은 일터와 삶터의 '불안정한 삶의 조건'에 맞서기 위해 바쁘게 움직인다. 이들은 국가별, 지역별, 종교별 커뮤니티를 만들고, 스포츠와 축제를 즐기며, 연애를 하고 가족을 구성한다. 알뜰하게 돈을 모아 고향에 있는 가족의 삶을 변화시켜내는 다양한 지혜들도 있다. 주6일의 험한 노동을 제대로 버텨내기 위해 운동을 하고 잘 차려 먹는다. '미등록'이나 '불법'이라는 꼬리표를 떼어내고 그들의 삶을 들여다보면 그들과 나는 '하나'다.

『우린 잘 있어요, 마석』이 제공하는 '공존의 관계적 윤리'는 단순하다. 우리는 국가도 아니고 경찰도 아니다. 신자유주의적 경제질서가 만들어내는 심화된 불평등에 맞서 싸우며 소박한 일상을 유지하고자 애

쓰는 한 명의 시민일 뿐이다. 함께 사는 시민으로 미등록 이주노동자에게 적대적일 이유는 하나도 없다. 미등록 이주노동자들도 우리와 마찬가지로 특정지역에 거주하고 노동하며 소비하는 등의 활동을 통해 지역의 생산과 재생산 과정에 참여하는 구성원이다. 하지만 우리가 시혜적 차원에서 이주노동자의 권리를 옹호하는 것은 문제적이다. 국민의 자격으로 한국 사회를 경험하는 방식은 미등록 이주노동자의 그것과 매우 다를 수밖에 없다. 거대한 법이나 제도뿐만 아니라 미세한 생활영역의 많은 부분들은 국민 혹은 정상이라 간주되는 사람을 기준으로 만들어진 역사적 산물이다. 이런 산물을 영구적이고 당연한 것으로 받아들여온 우리는 이것이 어떻게 '배제적 권력'을 행사하는지 잘 알지 못한다. 이 때문에 이주노동자의 권리는 이주노동자의 경험세계에서 도출되어야 한다. 이주노동자들만이 자신이 획득하고자 하는 권리의 내용이 무엇인지를 정확히 말해줄 수 있다. 이 책은 추방된 자들과 미등록 이주노동자의 경험을 담담하게 기술함으로써, 오히려 그들의 목소리에 귀 기울이게 한다.

이주노동자와 기본적 권리를 함께 누리고자 하는 것은 국민으로서의 권리 일부를 외국인에게 '약탈'당하는 것이 아니다. 우리가 애써 획득해온 민주주의를 지켜나가는 길은 자유와 평능이라는 민주주의 경험을 좀더 통합적이고 포괄적으로 확장시키는 것이다. 국민과 미등록 이주노동자는 사법적으로는 차별적 범주지만, 인권과 민주주의의 향유자로서 우리 모두는 자격이 같다. 우리의 시민의식은 우리가 얼마나 한국인의 집단적 정체성을 표방하는 사람인가가 아니라, 우리가 얼마나 동시대에 비슷한 삶의 열망을 갖고 사는 내 옆의 존재들과 공정한 관계를 맺을 것인가를 사유하는 능력에 따라 구성될 수 있다. 『우린 잘 있어요, 마석』은 이러한 사유능력을 확장시키는 출발점이 될 것이다.